华章图书

一本打开的书，一扇开启的门，
通向科学殿堂的阶梯，托起一流人才的基石。

www.hzbook.com

作者简介

张丙振 高级测试专家、企业订餐质量负责人,9 年工作经验。擅长自动化测试、测试框架搭建、质量交付团队管理等。2017 年入职饿了么中后台研发部,负责商家开放平台,多次参与公司 S 级别跨团队合作项目并担任测试总 owner,曾担任上海站技术沙龙测试讲师。2019 年转入阿里巴巴本地生活企业订餐团队,目前专注于 QA 团队建设、基础设施建设及质量交付。

檀飞翔 测试专家,从事测试行业 7 年,擅长测试框架开发、CI 集成、自动化测试、功能测试以及大型项目测试管理。2016 年加入饿了么,主要负责饿了么商家配送、商户订单、商家商品以及企业订餐等业务领域的 QA 工作,多次参与和负责公司级别项目,目前负责阿里巴巴本地生活企业订餐供给交易领域的 QA 工作,专注于测试提效和赋能工作。

侯佳刚 测试专家,一直积极探索正确的质量保障之道。从事质量工作多年,擅长测试自动化及测试工具开发。先后研发多个测试工具和质量平台,并将其应用在产品研发过程中。目前主要负责企业订餐质量平台研发及推广工作。

伍菊红 资深测试开发工程师,有较丰富的测试经验。曾参与多个公司级项目的业务测试,如企餐新零售入淘、覆盖率工具开发等,擅长自动化测试、工具开发。目前专注于测试前沿知识探索,如精准测试、流量回放等。

李京蓉 资深测试工程师，从事软件测试工作5年。2018年入职饿了么，负责饿了么商户端交易业务测试，转入企业订餐团队后负责供给交易领域的业务测试以及整个事业部的安全测试。

张晏婷 资深测试工程师。先后从事订单、财务等领域测试工作，功能测试、自动化测试经验丰富，参与多个提效工具、测试平台开发工作。

蔡　辉 5年从业经验，资深测试工程师。有证券、金融、企业餐饮服务相关工作经验，擅长平台服务开发、质量交付。入职企业订餐后负责测试平台开发，自动化测试工具建设。

李南昊 高级测试工程师，主要负责企业订餐的业务测试、自动化测试、压测的工作。参与企业订餐三条业务线外卖、团餐、到店从0到1的搭建过程。

杨亮亮 资深测试工程师，负责企业订餐基础及到店相关领域QA工作。从事测试工作9年，曾独立负责多个大型项目（支付、基金、发票等）的测试工作。擅长后端自动化及测试工具、平台的搭建，具有丰富的行业知识背景及测试经验。

常　娜 高级测试工程师。先后在阿里、百度、饿了么等企业工作，实战经验丰富。参与多个公司/BU级项目（广告、开放平台、订单等多领域）的测试工作，并协助完成多个测试平台的开发工作。

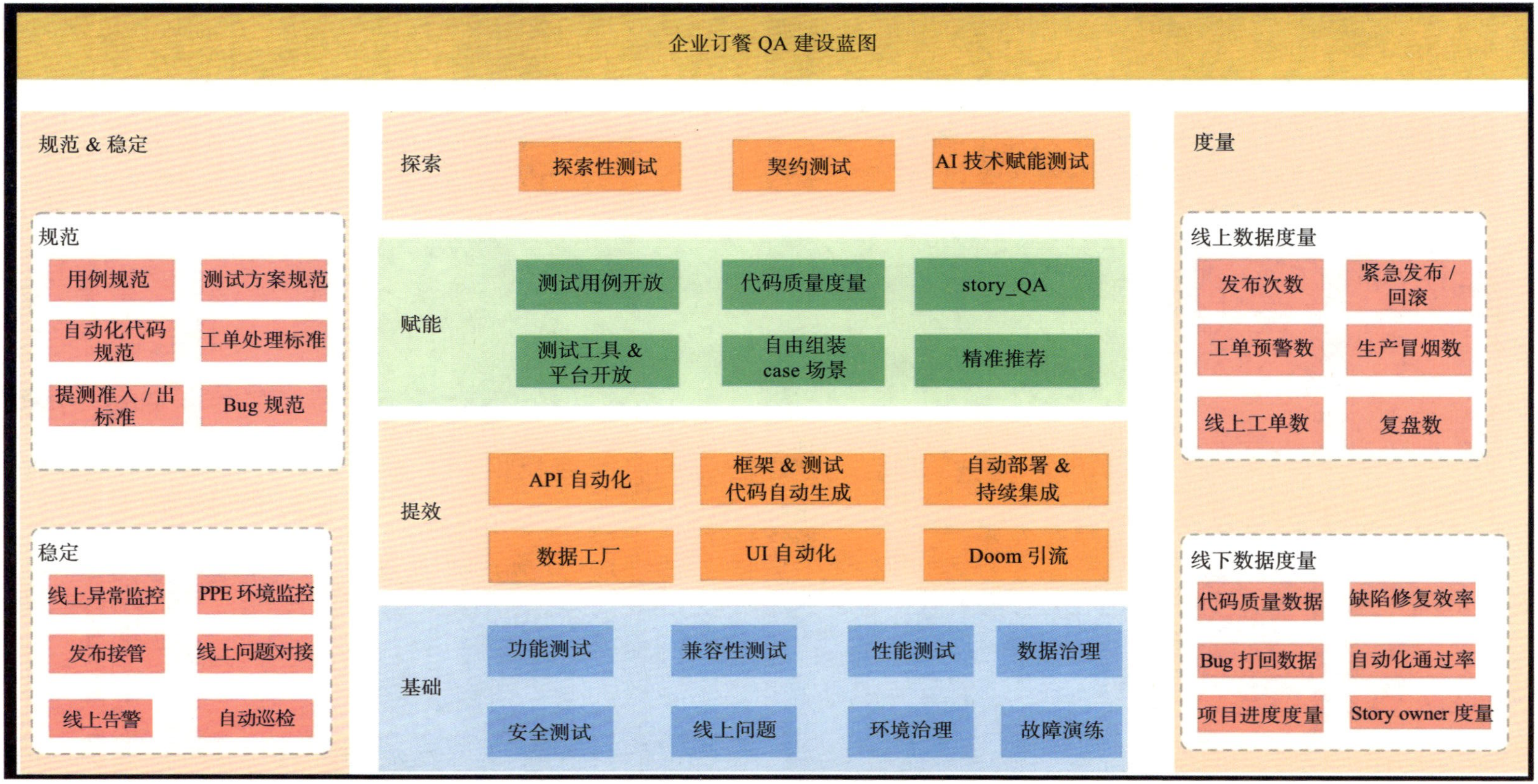

企业订餐 QA 建设蓝图

度量

线上数据度量：
- 发布次数
- 工单预警数
- 线上工单数
- 紧急发布/回滚
- 生产冒烟数
- 复盘数

线下数据度量：
- 代码质量数据
- Bug 打回数据
- 项目进度度量
- 缺陷修复效率
- 自动化通过率
- Story owner 度量

探索
- 探索性测试
- 契约测试
- AI 技术赋能测试

赋能
- 测试用例开放
- 测试工具 & 平台开放
- 代码质量度量
- 自由组装 case 场景
- story_QA
- 精准推荐

提效
- API 自动化
- 数据工厂
- 框架 & 测试代码自动生成
- UI 自动化
- 自动部署 & 持续集成
- Doom 引流

基础
- 功能测试
- 安全测试
- 兼容性测试
- 线上问题
- 性能测试
- 环境治理
- 数据治理
- 故障演练

规范 & 稳定

规范：
- 用例规范
- 自动化代码规范
- 提测准入/出标准
- 测试方案规范
- 工单处理标准
- Bug 规范

稳定：
- 线上异常监控
- 发布该管
- 线上告警
- PPE 环境监控
- 线上问题对接
- 自动巡检

图 1-2 企业订餐战略图

图 6-10 框架分层

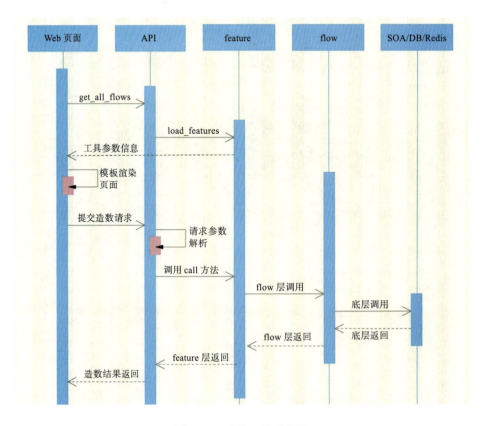

图 10-5 造数工具时序图

ELEME QUALITY SYSTEM
CONSTRUCTION PRACTICES

饿了么质量体系搭建实战

张丙振 檀飞翔 ◎ 等著

机械工业出版社
China Machine Press

图书在版编目（CIP）数据

饿了么质量体系搭建实战 / 张丙振等著. —北京：机械工业出版社，2021.1（2022.1重印）

ISBN 978-7-111-67004-9

I. 饿… II. 张… III. 饮食业 – 快递 – 商业服务 – 质量管理体系 – 研究 – 中国 IV. F726.93

中国版本图书馆CIP数据核字（2020）第241598号

饿了么质量体系搭建实战

出版发行：机械工业出版社（北京市西城区百万庄大街22号 邮政编码：100037）

责任编辑：韩 蕊 责任校对：李秋荣

印　　刷：中国电影出版社印刷厂 版　　次：2022年1月第1版第2次印刷

开　　本：186mm×240mm　1/16 印　　张：17（含0.25印张彩插）

书　　号：ISBN 978-7-111-67004-9 定　　价：89.00元

客服电话：（010）88361066　88379833　68326294 投稿热线：（010）88379604

华章网站：www.hzbook.com 读者信箱：hzjsj@hzbook.com

版权所有·侵权必究
封底无防伪标均为盗版
本书法律顾问：北京大成律师事务所　韩光 / 邹晓东

赞誉

这是一本全面、立体、有深度的测试实践指南。如今B端已成为各个互联网巨头争夺的新高地，强烈推荐B端测试人员阅读本书。

——黄允聪　B端软件25年全栈老兵/ToB行业头条特邀作者/中国网络安全开拓者之一

互联网产品迭代迅速，如何在快速交付产品时保证软件质量是质量保障人员必须攻克的难题。本书是阿里巴巴本地生活企业订餐团队基于测试理论和互联网工程实践交出的答卷，内容详实，对志在从事互联网产品质量保证的读者应该会有启发。

——陆鑫　阿里蚂蚁集团资深技术专家

本书从测试基础入手，讲述了公司发展过程中测试团队的演化过程，给读者很强的代入感。本书根据测试领域的划分，由浅入深地对质量保障相关的知识进行了体系化的讲解。无论是对于中小企业还是大企业，都有很强的借鉴意义。

——赵天明　青团社技术总监

饿了么业务快速发展的这几年，也是研发体系逐步加宽加深的过程，测试这个重要的角色在这一过程中遇到很多问题，也有了很多突破。不管是对测试职能的认识，还是测试技能上的提升，饿了么的成长经验值得借鉴。

——石佳宁　饿了么中台技术总监

这是一本完整讲解质量体系建设的著作。作者站在更高的角度上，从质量规范、流程管理、测试管理、工程效能等角度全面阐释了如何做到高质量保障。这是一本实操性很强的书，书中提供了大量解决方案和案例，相信能给读者带来不一样的体验。

——郑卓君　平安壹钱包资深测试架构师

质量保障作为产品上线的最后一个环节，其重要性不言而喻。本书基于饿了么测试质量体系的搭建经验，从多个维度和全生命周期讲解了如何开展软件质量保障工作，分享了大量实战技巧和案例，非常值得参考和借鉴。

——王金华　饿了么资深架构师

软件质量保障是一门大学问，并不是单一的技术问题，互联网行业越来越重视工程效能，我们迫切需要有"质效合一"的实践案例和方法论指导。阿里巴巴本地生活企业订餐团队从"道"与"术"的角度出发，从坎坷的实践历程中责躬省过，提炼出宝贵的实干经验，相信能为业界的质量团队带来新的启发和思考。

——吴骏龙　饿了么高级经理

本书融合了作者多年的测试经验和在饿了么的实践感悟，旨在探求测试的本质。从基础的测试实践到自动化测试流程的搭建，从如何保证业务质量到如何提升技术稳定性，内容丰富，细节清晰，对于测试人员来说是一本不可多得的专业书籍。

——戴曦　字节跳动研发经理

本书将质量体系的理论与实践高度结合，从技术栈选型到测试过程中用到的方法和工具，都极具代表性。推荐想在质量领域有所建树的同学认真阅读，借鉴饿了么的落地经验，提高自己所在领域的质量成熟度。

——林俊杰　饿了么高级测试经理

本书覆盖了质量体系搭建的方方面面，从理论到实践到思考，由浅入深，用"全局视角"看待整个质量体系，不仅有 QA 专业的技术视角，而且关注与 QA 发生关联的场景、参与者甚至文化。

——黄晓路　饿了么资深架构师

本书从实践角度对测试质量和管理进行了深入浅出的阐述，测试人员能快速从中获得实践能力，对提高中小企业的测试质量很有帮助。

——毕云飞　优健康测试总监

软件测试强调实战和经验积累，本书不仅讲解了经验和方法，而且给出了实战的思考过程和解决方案的思考过程，是业内非常少见的良心作品，强力推荐！

——袁石成　美团点评架构师

本书依托真实的业务场景，从功能测试到自动化测试，从线下问题的发现到线上问题的治理，从质量保障到测试提效，从赋能研发到探索性测试，深入浅出，循序渐进，是一本值得一读的好书。

——王晶晶　饿了么高级测试经理

本书融汇作者团队在赋能研发和测试提效方面的大量实战经验，内容详实，有理论，有思考，也有解决方案，对于测试和研发都很有价值。

——朱鹏飞　哈罗出行研发架构师

这是一本诚意满满的关于测试体系建设的著作。它通过真实的企业案例讲述了如何进行大型软件的质量治理，从规划、用例设计、流程管理、自动化测试、工具使用等各方面为测试提供了好的思路和总结。

——吴科　贝壳找房社区服务测试负责人

Foreword 序

离开饿了么已经快 2 年了,所以当收到写序邀请时,我还是倍感意外的,思绪也瞬间被拉回到了以前一起奋斗的日子。

曾经我们属于业务研发团队中的中后台研发部,正如其名,这个团队维护着饿了么交易平台的商户、商品及营销活动等核心数据,并且管理着面向商户及内部运营、市场人员的终端应用。本书作者当时所在的商户系统研发组无疑是一个明星团队,他们不仅负责无数商户使用的横跨多个平台的饿了么商家版,还从零起步创建了日后成为行业标杆的商户开放平台体系。

那几年,业务急速扩张带来的压力无处不在,不停增长的业务需求带来了许许多多新的设计、开发与测试任务。而研发团队的扩张又需要时间积累,没法一蹴而就。人员短缺带来了一系列问题,饿了么技术团队担子很重。

这份压力显然没有压垮我们。我们一边加班加点地解决 Bug、优化系统,一边探索如何提升自身的研发效率,而测试体系的重新梳理与搭建是其中非常重要的一环。所幸危急的时刻也是能人辈出的机会,丙振、飞翔等小伙伴挺身而出,从梳理基础的测试理论,到开发专业的测试工具,从实施良好的任务划分,到建立成熟的培养机制,一步一个脚印地踏实做事,迅速让团队成长为整个公司最出色的测试组,也是唯一一个从功能测试到白盒压力测试都可以独立完成的团队。正是在成员们忘我的付出和优秀的测试体系加持下,商户系统研发组取得了出色的成绩。尤其是面向大客户的商户开放平台,成为了竞争对手们争相模仿的餐饮行业事实标准,得到了百胜、星巴克等大客户的一致好评。

2018 年饿了么迎来了巨大的变革，被阿里全资收购后履约订单激增，日趋完善与稳定的系统已经可以很好地应对这种压力。而我本人也于当年最后一个工作日选择离开饿了么。

之后团队在 leader 许红涛的带领下，做出了决绝而大胆的选择，去开拓新的业务领域，搭建新的系统，于是便蜕变为企业订餐研发团队。

新的挑战我已没法亲身经历，但读完本书后我倍感欣慰，也受益良多。本书作者之前建立的被动测试体系，如今已经升级为主动的质量控制体系；之前条件缺失而不能密切关注的研发全路径已被完善；之前精力有限而被忽略掉的技术细节已被仔细补全；之前较为简单的演化探索也已经往前走了一大步。

本书作者是幸福的，他们做到了无数 QA 所梦想的融会贯通。

企业订餐的开发团队是幸福的，他们有着这么一群专业且不失钻研与上进精神的 QA 搭档。

本书的读者也是幸福的，你们可以从书中看到一个完善的质量控制机制与工具链是如何搭建的，如果能从中撷取一二透彻理解并应用于自身的工作中，肯定是本书作者所乐意见到的。

李磊　大地量子 VP of Engineering

Preface 前 言

为何写作本书

我们曾经思考过这样一个问题,如何才能将自己积累的技术和知识进行抽象总结,将逐步解决问题的过程立体化、可视化地展现给大家,而不只是简单地介绍一个结果。我们技术团队之所以决定写这本书,就是希望通过介绍我们的实战经验和解决问题的思路,帮助大家在"质量与效率"的提升上打开新的思路。

"质量与效率"一直是我们关注的焦点。相对于软件开发,软件测试起步较晚,缺乏拥有专业知识的人才。即便是大学开设的软件工程专业,针对软件测试的介绍也只是涉及少量的概念和设计测试用例的方法。专业的测试并不是简单地翻译需求。目前有很多测试人员只是在简单地执行需求翻译的工作,没有结合业务实现、质量模型和测试用例,没有用科学的方法设计测试场景,这就导致测试用例质量低下,只能应用于单个特定点的测试场景。

有些人认为功能测试很低端(从效率、技术含量和市场反馈的价值综合得出如此结论),甚至有相当一部分测试人员也认为,功能测试意义不大,希望从事测试工具的开发工作,因为那样看上去更高端,更具有挑战性。

其实,功能测试、自动化测试、性能测试、安全测试、测试框架开发、平台研发等工作都是为了提高软件测试的质量,没有高低贵贱之分,都是必要的辅助手段。可以将软件测试类比为一个兵团,上述这些工作是不同的兵种,在面对一场战役的时候,我们需要考虑的是如何排兵布阵，以赢得战役，而不是排列兵种的等级。

不同的时代对测试人员有不同的要求。

起初是"保姆时代"，以发现 Bug 为荣，对测试人员的基本要求是具备良好的测试思维，测试人员主要利用系统测试方法进行测试。业内关注的焦点是黑盒测试，白盒测试和灰盒测试偏少，效率偏低。由于黑盒测试大部分是通过人工在系统界面中手动进行的，从而导致业界普遍认为测试就是"点点点"。

随着软件复杂度的不断提高，交付质量变得越来越重要，我们急需提升测试的效率，压力测试和安全测试等各种专项测试以及各种测试平台和工具随之出现。

时代的进一步发展对测试提出了更高的要求，从产品研发后期寻找 Bug 转变为提前预防 Bug。

小步迭代、快速上线的敏捷开发时代，再次对测试提出了更高的要求，持续集成、快速验证、全方位监控线上质量，需要测试人员更早地介入产品研发的整个过程，以便更好、更全面地了解产品。测试左移到开发阶段进行代码评审、单元测试，右移到运维阶段进行持续部署、线上监控，从而可以更加立体地保障软件的质量。

如今是一个输出测试能力的时代，测试人员不仅要提升自己的效率，而且要赋能研发人员，帮助他们提升自己的自测水平。

本书主要内容

第一篇：规划

本篇简要介绍了我们的业务背景、团队背景、测试的一般规律，以及我们团队在制定技术规划时是如何考虑的。

第二篇：基础

当团队从零开始的时候，QA（Quality Assurance，质量保证）基础设施落后、资源有限、技术改造频繁，应快速形成战斗力，以业务为先，保证产品的质量，此时 QA 团队的主要任务是发现产品中的 Bug。本篇主要介绍了 QA 团队在功能测试、安全测试、兼容性测试等不同阶段的特点及不同之处。

第三篇：提效

当团队人员与业务基本稳定，而且功能迭代基本可以正常运行之后，我们就开始思考如何提高测试和研发的效率，例如，如何构建可用于提升效率的小工具和平台，如何实现 API 自动化，以及框架的搭建、分层思想、性能测试、环境的部署、CI（Continuous Integration，持续集成）流程的建立等，从而使得 QA 人员能够从大量的手工劳动中解放出来，提高工作效率，将更多的时间和精力投入到测试分析、发现 Bug、预防 Bug 的工作中。

第四篇：赋能

在提效之后，我们开始思考，软件质量是"构建"出来的，是由软件开发整个过程的质量所决定的。所以，QA 人员的工作不能总是停留在最后一个环节，在敏捷开发的大环境下，开发人员也要开始注重自测质量，作为 QA 人员，我们需要考虑如何赋能开发人员，使其能够对自己开发的产品进行自测。本篇主要从技术的角度（比如，可视化度量、自动化用例开放、工具开发，以及如何在流程上使用 story_QA 来使项目过程数据可视化）介绍了企业订餐业务的 QA 人员是如何赋能开发人员以提高软件质量的。

第五篇：探索

当前，业务开发周期越来越短，几乎每隔一天就有新版本发布。针对这种迭代速度快、回归量比较大的特点，自动化测试的稳定性正面临着巨大的挑战，除了传统的集成之外，我们还引入了契约测试、流量测试、探索性测试等辅助手段来提高测试质量，同时提高 QA 人员的工作效率。

第六篇：管理

本篇主要讲解了新型团队如何不拘泥于传统管理方法地勾勒团队画像，同时还介绍了技术分享的改革，以及如何让团队变成有格局、有原则、有自我认知、有凝聚力的健康团队。

读者对象

本书适合各种水平的测试人员、测试开发人员、测试组长、测试经理、项目经理等,以及其他在软件质量保证的道路上持续进行修炼的读者阅读。

勘误和支持

由于笔者水平有限,编写时间仓促,书中难免出现一些遗漏或者不准确的地方,恳请读者批评指正。

笔者联系方式:ele.ebu.qa@list.alibaba-inc.com。

致谢

感谢阿里巴巴本地生活企业订餐技术部高级经理许红涛、技术支持张晓雪,正是他们鼓励我们在日常工作中多总结、多分享,我们才有了写作本书的想法。

感谢阿里巴巴本地生活的同事们在整个写作过程中提供的支持,他们多次帮助我们从内容和技术层面对书稿进行审核,并站在读者的角度给我们反馈,尤其是林俊杰、李文政、程娥、吴俊龙、施洋等,在此特别谢过。

感谢企业订餐测试团队的全体成员及其家人,谢谢你们给予我们的支持与理解。

谨以此书献给我们的家人,以及奋斗在软件质量保证领域的朋友们!

张丙振

2020 年 9 月

目　　录

赞誉
序
前言

第一篇　规　　划

第 1 章　技术保障规划 2
1.1　业务特点 2
1.2　面临的挑战 3
1.3　测试进程的演进 4
1.4　绘制战略图 5
1.5　本章小结 7

第二篇　基　　础

第 2 章　功能测试 10
2.1　业务梳理 10
 2.1.1　接手新业务的痛点 11
 2.1.2　业务梳理的构想 11
 2.1.3　过程实战 13
2.2　用例设计 16
 2.2.1　用例设计面临的问题 17
 2.2.2　解决思路 17
 2.2.3　用例设计原则确立 18
 2.2.4　用例设计模板化 19
 2.2.5　设计用例框架 20
2.3　用例评审 23
 2.3.1　评审的意义 23
 2.3.2　评审的价值 24
 2.3.3　思考与破局 24
 2.3.4　合格用例的特点 24
 2.3.5　用例评审的准则 25
2.4　本章小结 26

第 3 章　安全测试 27
3.1　全面清扫当前漏洞 27
3.2　团队安全知识赋能 28
 3.2.1　引入安全测试工具 28
 3.2.2　增强安全意识 29
3.3　安全测试常态化 29
 3.3.1　下沉 QA 流程 30
 3.3.2　研发流程增设安全保障 31
3.4　本章小结 32

第4章 兼容性测试 33

- 4.1 兼容性测试的挑战 33
- 4.2 兼容性测试的步骤 34
- 4.3 案例分析：性能测试对比 36
  - 4.3.1 案例背景 36
  - 4.3.2 测试策略及过程 36
  - 4.3.3 测试结论 39
- 4.4 关于测试机器资源 40
- 4.5 本章小结 41

第5章 线上问题治理 42

- 5.1 线上问题的现状 42
- 5.2 工具的抉择 43
- 5.3 线下反馈线上化 44
  - 5.3.1 钉钉机器人接入 44
  - 5.3.2 简化线上问题反馈 45
- 5.4 线上问题数据沉淀及可视化 46
- 5.5 FAQ 转化 47
- 5.6 线上问题规约 49
- 5.7 本章小结 49

第三篇 提效

第6章 API 测试框架 52

- 6.1 API 测试基础知识 52
  - 6.1.1 RPC 53
  - 6.1.2 RESTful 54
  - 6.1.3 Thrift 57
- 6.2 常见 API 测试手段 58
  - 6.2.1 cURL 59
  - 6.2.2 常见工具分析 61
- 6.3 测试框架的演进与分析 62
  - 6.3.1 什么是框架 62
  - 6.3.2 测试框架思想的变迁 63
  - 6.3.3 测试框架的特点 66
- 6.4 测试框架搭建 67
  - 6.4.1 常见的框架结构设计 68
  - 6.4.2 框架的升级改造方案 69
  - 6.4.3 框架的分层解耦 70
  - 6.4.4 数据分类处理 72
  - 6.4.5 多协议的封装 74
  - 6.4.6 多环境的处理 76
- 6.5 测试框架结果自动对比验证 80
  - 6.5.1 验收结果思路对比 81
  - 6.5.2 hook 函数扩展 82
  - 6.5.3 数据库设计 83
  - 6.5.4 对比引擎设计 84
- 6.6 API 覆盖率统计 86
  - 6.6.1 覆盖率介绍 86
  - 6.6.2 覆盖统计的思考 87
  - 6.6.3 接口覆盖率统计实战 87
- 6.7 本章小结 91

第7章 自动生成框架代码技术 92

- 7.1 底层框架代码自动生成 92
  - 7.1.1 传统自动化框架的痛点 93
  - 7.1.2 代码自动生成的解决方案 94
  - 7.1.3 代码自动生成实战 95
- 7.2 手工用例自动转化代码 97
  - 7.2.1 接口用例撰写现状 98
  - 7.2.2 代码自动转化实战 98

7.3　冒烟测试代码自动化生成 101
　　　　7.3.1　冒烟测试的挑战与方案 102
　　　　7.3.2　拼装请求 102
　　　　7.3.3　构造参数数据 103
　　7.4　本章小结 105

第 8 章　框架代码场景化改造 106
　　8.1　Journey 模式 BDD 106
　　　　8.1.1　Journey 模式简介 106
　　　　8.1.2　Journey 模式原理 107
　　8.2　问题与解决方案 108
　　　　8.2.1　自动化问题 109
　　　　8.2.2　解决方案 109
　　8.3　过程实战 110
　　　　8.3.1　梳理场景需求 110
　　　　8.3.2　实例化用户故事 110
　　　　8.3.3　转化为自动化验收代码 110
　　8.4　框架与 BDD 的融合解析 111
　　　　8.4.1　框架与 BDD 融合所面临的问题 111
　　　　8.4.2　框架的设计思路 113
　　　　8.4.3　过程实战 113

第 9 章　FSM 场景化代码动态组合技术 116
　　9.1　订单代码组合的常态 116
　　9.2　FSM 赋能方案 117
　　9.3　业务建模 118
　　9.4　动态绘制流程图 119
　　　　9.4.1　Graphviz 使用介绍 119
　　　　9.4.2　使用简化模式绘图 120

　　9.5　构建解析器 122
　　　　9.5.1　解析器方案 122
　　　　9.5.2　过程实战 122
　　9.6　本章小结 124

第四篇　赋　　能

第 10 章　数据工厂 128
　　10.1　数据工厂迭代背景 128
　　　　10.1.1　造数常见的场景 128
　　　　10.1.2　数据工厂演变历史 129
　　10.2　数据工厂脚本化 129
　　　　10.2.1　脚本化面临的挑战 129
　　　　10.2.2　从 RESTful API 转向 SOA API 130
　　10.3　数据工厂平台化 131
　　　　10.3.1　平台化面临的挑战 131
　　　　10.3.2　关于平台化的思考 132
　　　　10.3.3　如何新增一个造数工具 133
　　10.4　数据工厂服务化的思考 137
　　10.5　本章小结 137

第 11 章　持续集成 138
　　11.1　持续集成是什么 138
　　11.2　持续集成前后实践的对比 139
　　11.3　持续集成全景 141
　　　　11.3.1　研发模式 143
　　　　11.3.2　代码准入 144
　　　　11.3.3　自动化方案 145
　　11.4　本章小结 152

第 12 章 代码质量 … 153

12.1 代码质量背景知识 … 153
- 12.1.1 怎样衡量代码质量 … 154
- 12.1.2 糟糕的代码 … 156

12.2 构建代码质量体系 … 158
- 12.2.1 为什么选择 SonarQube … 159
- 12.2.2 小试牛刀 … 165
- 12.2.3 规则的取舍 … 166
- 12.2.4 落地节奏的敲定 … 168
- 12.2.5 度量可视化 … 169

第 13 章 Story QA 赋能 … 172

13.1 Story 项目经理介绍 … 172
- 13.1.1 Story 项目经理的意义 … 173
- 13.1.2 Story 项目经理的工作职责 … 173

13.2 Story QA 破局 … 173
- 13.2.1 Story QA 介绍 … 174
- 13.2.2 Story QA 实施步骤 … 175
- 13.2.3 Story QA 体系构建方案 … 175

13.3 构建度量体系 … 176
- 13.3.1 度量维度初阶 … 176
- 13.3.2 度量维度进阶 … 178
- 13.3.3 打分规则 … 179

13.4 工具化和制度化 … 180
- 13.4.1 由文本到工具的演变 … 180
- 13.4.2 建立奖惩制度 … 182

13.5 本章小结 … 184

第五篇 探　　索

第 14 章 流量回放测试 … 186

14.1 流量回放的意义 … 186
14.2 流量回放的基本思想 … 187
14.3 常见工具介绍 … 187
14.4 聚焦 jvm-sandbox-repeater … 188
- 14.4.1 录制原理探究 … 188
- 14.4.2 回放原理探究 … 193
- 14.4.3 demo 讲解 … 197

14.5 repeater 插件探究 … 201
14.6 本章小结 … 204

第 15 章 契约测试 … 205

15.1 微服务介绍 … 205
- 15.1.1 微服务架构对测试的影响 … 207
- 15.1.2 微服务下的测试模式 … 208

15.2 契约测试 … 209
- 15.2.1 什么是契约 … 209
- 15.2.2 契约测试的价值 … 210
- 15.2.3 契约测试的特性 … 210
- 15.2.4 契约测试的实施 … 210
- 15.2.5 契约测试与 mock 对比 … 211

15.3 Pact 框架 … 213
- 15.3.1 Pact 的工作原理 … 213
- 15.3.2 Pact 的使用 … 214

15.4 本章小结 … 217

第16章　探索性测试 218

16.1 探索性测试初探 218
- 16.1.1 探索性测试概念 219
- 16.1.2 探索性测试与即兴测试的区别 219

16.2 全局探索性测试 220
- 16.2.1 商业区测试类型 221
- 16.2.2 娱乐区测试类型 224
- 16.2.3 旅游区测试类型 225
- 16.2.4 旅馆区测试类型 226
- 16.2.5 破旧区测试类型 227
- 16.2.6 历史区测试类型 227

16.3 探索性测试周期 228

16.4 探索性测试思维过程 230
- 16.4.1 启发式测试策略模型 231
- 16.4.2 基于测程的测试管理 232
- 16.4.3 小试牛刀 233

16.5 本章小结 233

第六篇　管　　理

第17章　团队管理 236

17.1 绘制团队画像 236
- 17.1.1 定格局 236
- 17.1.2 打造团队文化 237
- 17.1.3 认识自我 237
- 17.1.4 向心力 238

17.2 技术分享的改革 238
- 17.2.1 无主题分享的窘境 239
- 17.2.2 分享改革方案 239
- 17.2.3 主题制定 239

17.3 个人发展的梳理及工作习惯引导 240
- 17.3.1 个人发展的方向及梳理 240
- 17.3.2 技术体系的构建 241
- 17.3.3 工作习惯的引导 242

17.4 本章小结 243

第18章　项目管理 245

18.1 QA质量管理三问 245

18.2 解决问题三部曲 246
- 18.2.1 序幕 246
- 18.2.2 高潮 247
- 18.2.3 终章 247

18.3 本章小结 248

第一篇 Part 1

规 划

大家都知道，阿里巴巴的使命是"让天下没有难做的生意"，愿景是"成为一家活102年的好公司"。那么，作为QA，我们的使命又是什么呢？一年或者多年之后，我们想要达到的目标又是什么呢？选择的高度决定了未来的高度，我们初始的定位和目标决定了团队的未来。在短期之内，我们应该达到一个什么样的状态？一年之后，我们期望的状态又是怎样的呢？

本篇将简要介绍我们的业务背景、团队背景、测试的一般规律，以及我们在制定技术规划的时候是如何考虑的。

第 1 章

技术保障规划

1.1 业务特点

饿了么企业订餐隶属于阿里巴巴本地生活旗下,是国内领先的本地生活服务 SaaS 平台,为企业在用餐管理、成本管控、开票和结算等线上线下业务环节提供一站式解决方案。依托饿了么在全国 600 余座城市和 1000 多个县的 350 多万家餐厅和 300 多万个骑手,聚合品质供应商资源,解决企业在日常工作餐、下午茶、会议餐、商务宴请等餐饮消费场景的诉求,让员工没有难吃的餐。饿了么企业订餐主要包括外卖、到店、团餐三种方式,业务上具有如下特点。

❑ 海量供给,品种齐全

共享公司周边 3 公里范围内的饿了么及口碑的商户资源,为员工点餐提供多种选择,饿了么骑手提供 30 分钟必达服务。在外卖服务方面,我们拥有 11 年业务经验,企业员工使用饿了么企业版点外卖,可以共享饿了么 600 余座城市及逾千个县的 350 多万家商户资源,丰富的餐品选择只为提高员工满意度。支持团队多人一起拼单,只需要一次配送费用,同时还能一键共享餐补,享受更高满减折扣,既能省钱又能增加团队成员之间的沟通和亲密度。

❏ 企业员工可以到公司周边商户就餐

在餐补有效的时间和规则范围内，使用餐补买单，可以享受协议优惠价。

❏ 定点、全流程解决用餐问题

依托于饿了么的高品质商户资源，统一、定点、定时提供团餐服务，从送餐到分餐全流程解决。

员工用餐的方式有多种，如果是一起点餐，则称之为团餐；如果是一个人独自点餐，则称之为外卖；如果是到实体店进行消费，则称之为到店；对于企业接待客户的情况，我们称之为商务宴请。

因为企业订餐提供的是企业服务，所以会有非常多的定制化需求，很难提供一个类似于 B2B2C 的通用版本。因为每一家企业的报销审批流程、管理制度各不相同，这就直接导致我们的产品的定制化需求的特点多种多样。

1.2 面临的挑战

目前，饿了么企业订餐正面临着如下几项挑战。

❏ 资源严重紧缺

因为目前正处于两个技术团队的交接期，由原团队交接给另一个从零开始组建的新团队，所以从研发人员到 QA 人员都严重紧缺。

❏ 业务复杂

涉及的业务系统繁多，定制化需求多种多样，业务迭代并行。

❏ 架构冗余

领域划分不清晰，依赖特别严重，每次发布需要花费 3 个小时以上的时间（正常发布应在 30 分钟之内完成）。

❏ 问题泛滥

在团队初创期，一周之内线上问题反馈多达 21 个，3 天暴露出 3 个安全漏洞（2 个 P0 级，1 个 P1 级）。

目前的矛盾主要集中在以下几个方面：日常需求迭代多、开发技术改造频繁、业务变更多、需求定制多、线上问题处理和日常任务超负荷，每次都需要根据客户的需求进行排期。

1.3 测试进程的演进

众所周知，测试团队的发展历程通常会经历如图 1-1 所示的四个阶段。

图 1-1 测试团队的发展历程

如何才能让企业订餐技术团队的测试能力更强呢？以下是我们针对四个不同的阶段所做的思考。

（1）初期阶段

该阶段的特点是提供"保姆式"的服务，以发现 Bug 为主要任务。测试人员的工作主要是以功能测试、兼容性测试为主的手工测试，每天要进行大量的、重复性的工作，即便如此也依然会有遗漏。刚起步的测试团队基本上处于这个阶段，企业订餐的 QA 团队也不例外，但并不是说目前的业务迭代必须处于这个阶段。

（2）平台建设阶段

该阶段的特点是测试人员的质量意识和工作效率得到了提高。测试人员从大量的手工测试中解放出来，得以高效地执行测试，从而可以将更多的时间和精力投入到测试分析与深度测试中，以发现和预防 Bug。企业订餐的 QA 团队主要是在自动化回归和造数阶段的提升上进行建设，让核心的 P0 级自动化测试用例运转起来，去掉部分重复的测试用例以提升效率。

（3）质量监控阶段

该阶段的特点是可以更加全面地监控项目的质量，进而能够更加高效地完成测试工作。企业订餐的 QA 团队在这个阶段主要做了如下工作。

- 线上监控报警、资损演练、红蓝对抗、线上引流测试。
- 专项测试持续深入，全方位、多手段地将基于风险的测试做得更加专业。
- 引入智能化方法提升测试效率，比如，根据代码或者需求文档改动，智能地判断测试范围，智能推送所需要的测试用例等。
- 根据 API 文档智能化地生成接口测试框架和测试代码。
- 通过专项测试平台使测试结果可持续沉淀。
- 可视化质量看板，通过合理的评分机制，关注测试过程中的数据、线上问题、Bug 数据等动态数据，story_QA（第 13 章中有详细介绍）可以帮助开发人员和测试人员向更优的方向发展。其中，度量会先让一部分数据可视化，以辅助第二阶段的成果展示，然后由内而外地深度复盘项目，story_QA 可通过专项来提升测试的质量。

（4）赋能阶段

这是一个全员测试阶段，测试人员均具备开发工具的能力，开发出的测试工具可以让提供的服务更加智能化。测试工具既可以在开发人员的操作下运行，也可以自动化运行，从而让测试更高效。

我们主要从为测试人员赋能开始，提升测试的回归效率，从工具和流程两个方面为研发人员赋能，从而提升研发的效率和测试的质量。

1.4 绘制战略图

战略图是指在未来一年中，我们的技术应该是什么样子，我们应该从哪几个方面寻求突破和改进。每次进行迭代时想一下，如果欠下的技术任务越积越多，那么我们将始终无法跳出低效的旋涡。我们应该如何改变这种窘境？我们不仅要脚踏实地，也要仰望星空。如图1-2所示的是我们团队绘制的企业订餐战略图及具体的分层结构。企业订餐的总体战略图可从以下几个方面来进行绘制：夯实基础、提效、赋能、探索、度量、规范和稳定。

图1-2　企业订餐战略图（见彩图）

企业订餐战略的四个阶段具体说明如下。

（1）夯实基础阶段

这个阶段最主要的任务是横向发展各种测试手段，丰富测试所用的方法。当团队从零开始的时候，应以业务为先，从最基础的线上问题、环境冲突、被污染数据的治理、安全测试等方面着手。

（2）提效阶段

这个阶段的主要目标是提高测试人员的工作效率，自动化方面首先以API的自动化为主，包括基本的测试框架和DDD（Domain Driven Design，领域驱动设计）分层架构的解耦合；然后进行底层框架代码的自动化，包括BDD（Behavior Driven Development，行为驱动开发）和FSM（Finite State Machine，有限状态机）的尝试。

（3）赋能阶段

这个阶段主要是通过优化流程和技术来提高团队的效率，比如图 1-2 中的 story_QA 通过建立制度来对团队进行赋能，提高数据工厂的造数能力。

（4）探索阶段

这个阶段会倡导团队成员多做分享，并在分享的同时推进落地，小范围地尝试新的手段，为团队带来收益，比如探索性测试、契约测试、流量测试等，从而为下一个阶段的到来提前做好知识储备。

1.5 本章小结

用一句话总结，QA 团队的建设就是聚集一群志同道合的人，共同制作一张质量防御网。从质量防御网的制作策略来讲，其中每一层的实施并不是严格按照顺序来执行的。并不是说基础没有打好，或者用例设计不好，提升效率的基础设施的建设就应暂时搁置，研发效率和过程质量的改进都可以正常进行，并不会妨碍团队知识体系的正常储备，以及为未来布局。

质量防御网的制作并不是一朝一夕就可以完成的，要逐层进行建设，从不专业逐渐完善到相对专业，从低效逐渐提升到相对高效。我们的策略是先提取每一层的重点，将骨架先搭建起来，再不断地进行填充和完善。

本书后面的内容将详细介绍我们在搭建骨架的过程，如何从最初的只关注测试团队本身，到提升测试团队效率，再到关注研发团队并为他们赋能，以提高团队整体的效率和质量。

第二篇 *Part 2*

基　　础

保证业务的正常迭代和稳健运行是团队质量工作的重中之重。本篇将介绍测试蓝图的基础层，主要包括 QA 团队在功能测试、安全测试、线上问题治理等环节会碰到的问题，以及我们应对这些问题的思路。

团队初创时，QA 基础设施落后、资源有限、技术改造频繁，应快速形成战斗力，以业务为先，保证产品的质量，此时 QA 团队的主要任务是发现 Bug。这个阶段通常存在迭代需求多、开发技术改造频繁、线上问题急需处理等种种问题，此时要做的第一步就是夯实基础、丰富测试手段、减少线上问题。打铁还需自身硬，先从 QA 团队自身出发，解决好漏测问题、安全问题、线上问题管理混乱等可能影响质量的各种问题。

Chapter 2 | 第 2 章

功能测试

功能测试是软件质量保障体系中非常重要的一环。它不需要关注内部结构及实现代码,只需要关注其功能的正确性和完整性,是投入产出比较高的测试方式之一。在团队初创期功能测试占比 80%,剩余 20% 的测试工作则是关注核心链路的性能和安全等。

在产品初期,基本策略一般是先占领市场再对产品进行优化,先验证业务模式再进行产品的规范化和标准化。在业务模式有效运行的大背景下,作为质量保障人员,我们应该清醒地认识到,这只是市场给我们的时间,并不是质量保障的底线(baseline)。ToB 市场不同于 ToC 市场,ToC 市场可以仅提供一个标准版本。但对于 ToB 市场,每一家企业的内部体制都存在差异,因此定制化的现象屡见不鲜。比如,企业用户登录功能,有些企业不需要登录,有些企业则需要用户用手机扫码注册后进行登录,有些企业会直接定制专属的登录逻辑。本章将主要介绍我们是如何在资源紧张且定制化较多的情况下优化功能测试并提升测试质量的。

2.1 业务梳理

兵家有言:"知己知彼,百战不殆"。如果对业务领域的服务对象或内部实现不熟悉，那么测试人员将很难制定出正确的测试策略，以及覆盖相对比较完整的测试用例，从而导致漏测的问题频频发生。

仔细分析大量的复盘记录我们可以发现，由技术基本功不扎实而导致的 Bug 非常少，大部分 Bug 都是由于不熟悉业务而导致的。对于刚刚接触一个新领域的测试人员来说，熟悉业务的过程通常都比较缓慢，现存的业务文档基本上都是基于业务操作手册编写的，对不熟悉业务的操作人员来说帮助甚微，从而导致测试人员无法第一时间投入战斗，并形成有效的战斗力。

2.1.1 接手新业务的痛点

测试人员在切换领域或者要接手新业务的时候，面对已经成型的产品，产品内部的交互、实现逻辑和定制化需求等要素在评估测试范围时很难全面覆盖到。正因为存在这种问题，大多数测试人员在进入一个新的业务领域或者执行临时借调任务时，核心功能的测试工作就落在"前任"身上，"现任"代替"前任"执行一些测试用例或者简单的模块，风险比较低。针对这种现象，常规的解决方案具体说明如下。

- **技术**：复用现有的测试用例并通过自动化测试进行回归，让测试更充分。
- **流程**：由熟悉该领域的人员对业务流程和技术方案（开发、测试）进行评估。

即使采用了上述解决方案，也仍然会出现漏测或者测试场景不足的情况，无法从根本上解决问题，具体原因如下。

- **稳定性差**：人的记忆是有时限的，业务人员很难全面周到地列举所有的场景，所以仅凭人的记忆和熟悉程度来进行测试具有很强的不稳定性和不可靠性。
- **自动化覆盖不全**：基于现有的自动化测试用例一般只能覆盖产品的核心功能。虽然自动化覆盖在业内已经提供了很多种解决方案（比如，doom 流量回放技术）以降低自动化的成本，但是目前团队还未探索到此阶段，对于还处于起步阶段的企业订餐团队来说，自动化覆盖属于重要但不紧急的事情。

2.1.2 业务梳理的构想

业界经常强调的快速测试能力需要测试人员满足如下要求。

- 熟悉各个业务模块。
- 熟悉业务的上下游，以及彼此之间的依赖。
- 清晰地了解数据流的流转路径，以及流转到了哪个数据库。
- 了解业务领域的核心功能点，即各个系统的服务对象，能够将业务、服务、逻辑结构串联起来。

上述这些内容仅存在于测试人员的个人记忆里是不够的，我们需要将其沉淀成文档，使其可视化，并且具备可复制性，将具体的解决思路总结为可视化的解决方案，如图 2-1 所示。

图 2-1　可视化解决方案

（1）业务通

是指由表及里地全面了解产品及系统的实现。所谓"表"就是站在用户的角度熟悉系统的功能，"里"是指能够了解系统内部的实现逻辑和处理方式。

（2）抓核心

是指能够抓住产品的核心利益。简单来讲就是，产品的服务对象有哪些，这些对象在产品中的核心利益点是什么，这些对象经常操作哪些重要的功能。

（3）看全局

是指能够从全局的角度出发，清楚地了解各项服务在系统中的位置，熟悉每个系统上下游之间的调用关系，以及其所能承担的系统角色和为上下游提供的业务能力。

（4）透服务

是指透过服务器清楚了解系统的架构，以及数据流的流转路径。即清楚系统的核心架构是如何进行交互的，数据流是如何流转的，以及流转的过程中涉及哪些数据库等。

2.1.3 过程实战

在进行业务梳理的时候，我们不仅要站在用户的角度去考量，而且要站在全局的角度，从系统设计出发，了解每一次需求改动会对全局产生什么样的影响，并评估出影响的范围。如果单纯地站在用户的角度去测试，那么我们将很难发现更深层次的问题，从而很容易出现漏测问题。

所以，我们需要对业务由表及里、由系统到服务、由服务到架构、由架构到逻辑进行梳理。业务梳理的具体策略说明如下。

（1）业务层面

"里"主要强调的是业务与服务之间的关系、服务与模块之间的关系，这样做的好处是能将服务与模块串联起来，让各个领域都能知道自己的服务里包含了哪些模块和功能。部分业务梳理效果图如图2-2所示。

（2）服务层面

整理测试需求或者进行技术评审的时候，我们必须清楚地知道所涉及的业务服务在系统中的位置、产品对外提供了哪些服务、需要依赖其他服务的哪些功能来完成业务交互，以及外界服务需要依赖哪些服务功能来完成哪些业务交互。简单地讲就是，如果换成我们自己，那么我们需要知道自己的能力边界在哪里？自己的核心竞争力是什么？如果换成服务层就是，它的服务能力是什么？它的能力边界在哪里？中间的交互层核心是什么？不论是对于QA团队还是研发团队，清楚地了解上述内容是对系统执行任何任务（task）的底线（baseline）。如图2-3所示的是服务层梳理效果图。

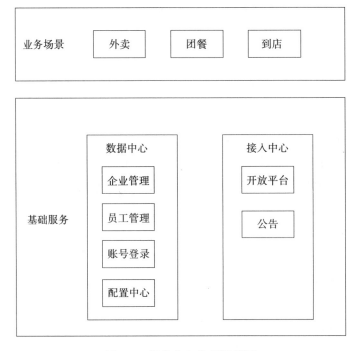

图 2-2　部分业务梳理效果图

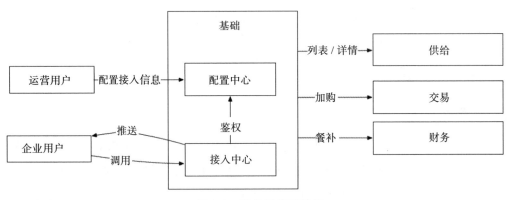

图 2-3　服务层梳理效果

（3）数据流

用户一旦开始操作，数据就产生了：经过了哪些中间态，有哪些服务和逻辑可以改变数据状态，最后又是通过哪些服务的处理流转到数据库中的，中间的过程是如何消费的。也就是说，我们要知其然并知其所以然，不仅要了解表面的业务功能，还要知道数据流转过程中经过了哪些服务和处理逻辑，以及中间态的每个停留点的服务和数据最后落地的数据库。如图 2-4 所示的是数据流转梳理效果图。

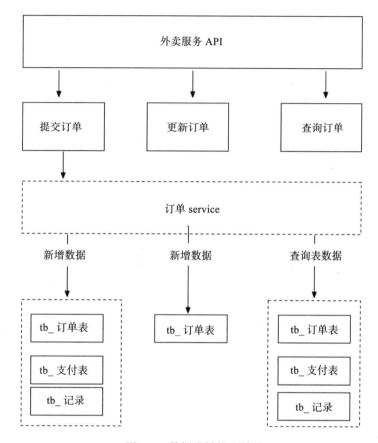

图 2-4　数据流转梳理效果

（4）特殊逻辑时序图

经验告诉我们，QA 人员最容易遗漏如下两种测试点：一种是由特殊逻辑的盲区所导致的测试点，另一种是未考虑到的由各种异常所导致的测试点，比如 ToB 方面的测试，针对不同的企业，我们需要定制很多不同的逻辑。从登录、支付到消息推送等都会存在特殊的定制逻辑，所以我们需要对这些特殊的定制逻辑进行梳理，了解其上下交互点，以便后面的业务在涉及这些定制的功能点时，能够特别留心，从而避免漏测。如图 2-5 所示的是逻辑时序梳理效果图。

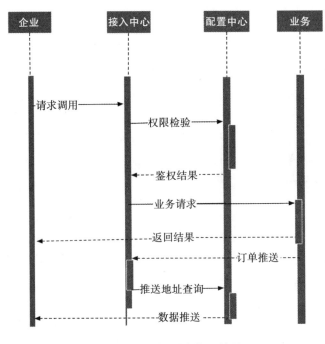

图 2-5 逻辑时序梳理效果

当我们接触一个陌生的领域时,从业务到服务,从服务到上下游,再到具体的架构、逻辑处理、数据流转、所涉及的数据库(DB)等,我们要由表及里、快速地对整个业务有一个大致的了解,从而形成战斗力,并且能够高效地切换到另外一个领域,成为业务的顶梁柱。

2.2 用例设计

业务梳理可以让我们在测试范围内由表及里地了解业务系统,但这只是手段并不是目的。接下来,我们需要根据业务的沉淀以及当前的迭代内容,设计出高质量的测试用例,这才是我们质量人的核心工作。如果代码是研发人员根据需求编写的具体实现,那么测试用例就是测试人员的代码。

测试用例是测试思想的实现类,其充分体现了测试的思路,可为后续的测试行为提供指导,是测试人员了解业务的重要根据和质量之根本。如果测试用例设计得不完整,出现了遗漏,那么通常是会出现大家不想看到的后果,如漏测、线上 Bug 不断等。

2.2.1 用例设计面临的问题

（1）设计用例方法沦为需求翻译工

说起测试用例，大家都会联想到对照需求撰写测试用例的场景，当被问到设计测试用例的方法时，很多测试人员只会提到等价类、边界值，再没有其他了。这就是很多测试人员设计测试用例的现状，有的甚至沦为了需求的翻译工。

（2）设计用例方法模糊

这里所说的"模糊"主要分为三种：第一种是没有经过系统的专业知识学习，基本知识还停留在学校学到的层面；第二种是自己知道一些方法，但是仅停留在记忆里，并不知道该如何使用这些方法，以及何时使用；第三种是偶尔想起这些方法来就用一下。

（3）用例数量庞大维护困难

测试用例最初是以传统的表格形式来进行管理的，后来发展为逻辑思维导图形式，如今又进一步发展为平台化的形式。虽然它们有优先级、关联关系并且按照模块分布，表面看似结构清晰，但是对于场景复杂且定制化逻辑又特别多的业务来说，每次维护都会非常困难，查找成本高，且容易出现重复撰写测试用例的情况。

2.2.2 解决思路

在面试的时候，面试官可能会提出一个用例场景，让你结合该场景设计一个测试用例，你可能会绞尽脑汁，穷尽各种情况，考虑各种特性。然而在业务实践中，当你碰到一些需求场景，尤其是简单的需求场景，或者是你熟悉的业务领域时，你可能不会再像面试时那样穷尽各种情况、考虑各种特性了。一方面是因为个人意识上的放松，另一方面是因为测试用例的量达到一定程度之后，基本场景一般都很完善了，各种方法得不到常态化的联系，最后设计用例的方法就只剩下等价类和边界值了。

那么，应该如何提高测试用例的设计质量呢？如图 2-6 所示的是用例设计解决方案图，我们可以从不同的维度来提高测试用例的质量。通过设立原则，设计用例的底线，统一设计测试用例步骤，通过科学方法补齐设计用例思路和设计用例架构以便更好地产出高质量的测试用例。

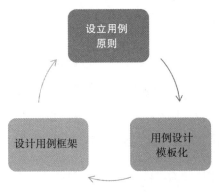

图 2-6　用例设计解决方案

（1）设立用例设计原则

根据 ISO/IEC 9126 质量模型（建立在 MCCall 和 Boehm 模型基础之上，主要描述了内部质量、外部质量和使用质量）来定制适合团队目前状况的用例设计指导原则。

（2）明确用例设计方法的适用场景

通过使用等价类、边界值、判断表等科学的方法设计测试用例；线下科普每个不同的测试用例的设计方法，并明确各个用例设计所适用的场景。

（3）设计用例架构

我们经常听说测试框架的架构，而很少听说测试用例的架构。如果我们将测试用例理解为代码，那么类似于代码开发，我们也可以根据业务模式、功能模块等来管理测试用例，分清优先级，设置用例池，减少冗余，提高可用性。

2.2.3　用例设计原则确立

没有好的软件质量意识，就不会有明确的测试行为。思考问题的维度和角度是非常重要的，能否将比较完整的质量意识深深地印刻进测试人员的潜意识中呢？在每次设计测试用例的时候，测试人员的潜意识里都会想起功能、性能、安全、效率等测试维度。这里采用的办法就是不断地强化训练用例指导原则，去思考和解决此类问题。

如图 2-7 所示的是，根据 ISO/IEC 9126 质量模型的 6 大特性及 27 个子特性，结合当前业务所处的阶段所设计的适合团队的质量原则：企业订餐设计用例指导原则。

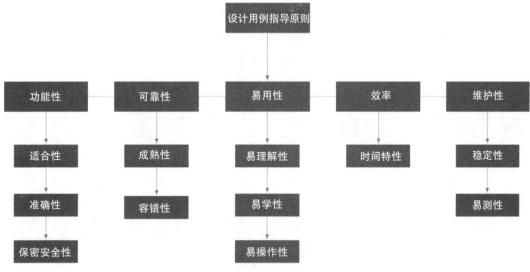

图 2-7 用例指导原则

2.2.4 用例设计模板化

看到这个标题，可能有人会问，用例设计还用模板化吗？测试人员应该都会设计测试用例，而且各种方法和策略说得头头是道，但在真实场景中的使用少之又少。更何况人的认知是分层的，比如，可以简单地分为如下所列举的四个层次。

- **不知己不知**：以为很简单，以为自己什么都知道，但结果却不尽如人意，只知道使用等价类和边界值。
- **知己不知**：心里虽有模糊的想法，但无法清晰地表达出来，或者只知道还有其他方法，但不知具体是什么方法，要别人点明后才茅塞顿开。
- **不知己知**：虽然在实战中能够临场发挥出来，但自己并不知道这个用法就是对应的设计思路。
- **知己知**：对方法了如指掌，不仅知道该如何使用，而且能够清晰明了地将其表达出来。

大多数测试人员属于后三种情况，在项目中下意识地使用等价类和边界值，而关于逻辑的其他组合则并不常用。

那么，这个局面应该如何破解呢？

- 建立分享制度，每周全员参与，对本周的需求和测试用例进行深度剖析，复盘当时使用的测试方法，看看有哪些是可以完善和补充的。
- 总结不同的测试方法的使用场景和使用案例，具体如表2-1所示。

表2-1 测试方法的应用

序号	方法名	使用场景	常见案例
1	等价类	输入条件或者输入项是可以分类的	常见的登录场景，用户名、密码要求1～8个字母或者数字
2	边界值	输入条件明确了输入范围和数值范围	登录场景，用户名和密码的长度边界值，或者常见的商家活动有效期、券的有效期或店铺的营业时间
3	判定表	多种输入条件和状态（比较简单的输入条件组合），可能导致系统输出不同的动作场景	券的叠加使用，比如，新人券、活动券、店铺满减活动，不同券的组合将影响客户最后能否使用此券
4	因果图	输入与输出之间存在因果关系或约束关系	地铁卡购买系统、饮料售货机等场景，这类实际应用案例都有非常强的代入感
5	正交实验法	多个因子，多种状态，因果关系错综复杂	比如，平台上针对客户定制采用的配置比较多，出于产品功能的稳定性考虑，采用灰度开关的方式，长期下来，开关的数量与日俱增。平时验证时，开关和配置不同，功能也会不同

除此之外，还有流程图法、场景法、错误推测法等，可以互相结合使用，有些业内人士也会称之为综合策略。

不断地进行强化训练，让这些方法融会贯通，当再次面对需求功能的时候，你就知道应该怎么做了，针对具体的案例场景应该怎么组合，达到这种熟练程度之后，就能很顺畅地使用探索性测试方法了。

2.2.5 设计用例框架

这里的设计用例框架指的就是测试框架。那么，我们是否可以用开发的思想来解决测试的问题呢？当然，目前已经有了相关的实践，比如，自动化测试思想，从线性结构到数据分离、再到面向对象这一系列的演变过程，已经承载了开发的思想。"用例即代码"，对于测试人员来说，用例是测试思维的具体实现，如果与开发进行类比，"用例库"就是测试的核心代码库、测试思维的承载库。那么如何才能有效地管理用例库呢？如何才能提高撰写测试用例的效率呢？如何才能更高效地维护测试用例呢？

由于我们的客户主要是各大企业，因此面向一般客户的结构设计是无法满足需求的。企业的各种定制化需求比较多，不同的企业还存在不同的定制逻辑，如果按照传统的模式设计测试用例，那么很多定制逻辑的测试用例都会被埋没，最终会出现漏测或者重复撰写测试用例的情况。

领域驱动设计（Domain Driven Design，DDD）的概念出自著名建模专家 Eric Evans 于 2004 年出版的图书 *Domain-Driven Design: Tackling Complexity in the Heart of Software*（《领域驱动设计——软件核心复杂性应对之道》）。领域设计一般分为两个阶段：第一，以一种领域内通用的语言作为交流工具，在不断交流的过程中发现一些领域概念，然后将其设计成领域模型；第二，由领域模型驱动软件设计，用代码来表现该领域模型。领域模型只反映业务，与任何技术实现都无关。

那么，我们是否能将每个业务领域都抽象成一个业务模型呢。每个定制的逻辑都可以组装成一个最小的原子，我们可以根据不同的企业和业务需求对定制逻辑进行组装，供我们需要的时候直接使用。

DDD 的思想并不能完全地引入领域能力的概念，其彻底颠覆了原来的模块化思想。企业订餐还处于成长期，以业务需求为主，目前还未全面落实领域能力的概念，如果仅仅是为了测试方便来改变测试用例沉淀的框架则是有风险的，综合考虑并结合模块化思想，我们的最终设计是对两种思想进行组合。

如图 2-8 所示的是 DDD 思想用例设计框架效果图，是一个初略版本，包含基础层、渠道层和应用层。其中，基础层（类似于原子层的概念）是按照领域能力的概念来划分模块的，比如基础领域、供给交易和财务等模块。每个模块有对应的功能用例，如果存在特殊的逻辑，其中的模块封装就会分在这个模块下，但是要以原子的类型存在，并且必须保证容易识别，以方便日后自己或者其他同事在渠道层进行复用；针对应用层，用例层如果对企业采用隔离的方式进行维护，则这种做法是非常不可取的，这里主要针对存在特殊定制逻辑的企业进行业务功能组合，对于具有公共需求的企业，使用标准版本即可。

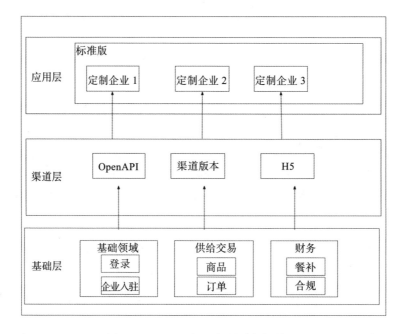

图 2-8　DDD 思想用例设计框架效果

测试人员在进行测试的时候，可能会经历这样的场景：感觉某个案例不是测试用例中的，但是突然会下意识地认为这种场景可能存在问题，然后通过测试发现其果然存在问题。如何让这种潜意识中的感觉沉淀下来并变成可复制的方法呢？笔者认为最好的办法就是多思考、多总结、多复盘自己的用例，让这种思考从片断性的变成可持续性的。

测试用例的设计也是一个可持续的过程，并不是设计完成且通过评审后就不更新了，而是一个不断补充的过程。测试用例的质量可以反映出测试人员的测试思维，如果没有事后的不断复盘，测试用例就不会不断地丰富和更新，曾经的测试用例就会下沉，而这显然不是我们想要的结果。

针对测试用例进行复盘也很重要。如果将测试人员的测试用例类比为开发人员的代码，那么我们需要经常扫描测试用例中存在的问题，然后根据线上问题以及平时的思考来丰富自己的用例库。

2.3 用例评审

通过科学方法的加持，测试用例的质量有了显著的提高，但这并不能代表测试用例一经设计出来就是完整的，与开发人员编写的代码类似，测试用例同样也会存在缺陷。比如，场景覆盖不全、测试数据例证不完整、不规范等。

用例评审是日常研发项目中必不可少的环节，我们如何在这个关键环节提高评审质量，从而进一步提高测试用例的质量呢？

2.3.1 评审的意义

可能有人会觉得用例评审很简单，无外乎产品、开发和测试三方聚在一起，对测试用例进行评审而已。如果仅仅只是这样，那么这种测试用例评审的质量是会大打折扣的。

其实，用例评审也是一个技术活，不能流于形式，如果大家不重视，那么用例评审往往就会走走过场，草草了事，甚至出现不评审测试用例的现象。下面就来列举一个常见的场景。

测试小李："各位同事，咱们 10 分钟之后进行用例评审。"
研发小张："好的。"
产品小王："小李，我 10 分钟之后要开个短会，你们先评吧。"
测试小李："好吧，你先忙。"
……

3 天之后，到了产品验收阶段。

产品小王："小李，这个功能怎么会是这样的？我说了要与主站相同，而且我这下面还有介绍。"
测试小李："我和研发都没注意到，你的需求写得太模糊了。"
研发小王："是啊，你的需求写得太不明显了，没看到。"

2.3.2 评审的价值

测试用例是软件测试的核心,是测试和研发验收活动的准则,但它并不是编写出来就立即变成准则,而是要经过开发和产品等相关团队评审后才能成为准则。也可以认为,测试用例的评审是产品、研发和测试统一需求认知的最后一道关。

2.3.3 思考与破局

1. 思考

那么问题来了,如何评审测试用例?什么样的测试用例才是合格的?评审的标准是什么?

2. 破局

1)树立标杆用例,明确合格的测试用例应该具备哪些特点,大家在进行评审的时候应该从哪几个方面进行评审。

2)建立评审的准则,让产品、开发和测试团队的每个人都能明确知道他们应该关注的点。

2.3.4 合格用例的特点

可以将用例评审类比为"Code Review",如果我们不知道什么样的代码才是规范的,什么样的用例才是合格的,那么我们又该如何进行评审呢?所以,我们首先必须清楚什么样的测试用例才是好的测试用例。根据 ISO/IEC 9126 质量模型中规定的质量的 6 大特性及其 27 个子特性可知,一个高质量的产品不仅需要具备基本的功能、性能、安全,还要考虑其可维护性、可移植性、易用性,等等。测试用例也是如此,一个高质量的测试用例不仅要考虑功能特性,而且还要充分考虑其产品特性。另外需要说明的一点是表面套用套路是不行的,需要根据当前阶段的实际情况因地制宜。如表 2-2 所示的是当前企业订餐系统相对比较完整的测试用例标准,以及合格的测试用例的特点。

表 2-2 企业订餐系统合格的测试用例的特点

序号	特点	详情
1	需求覆盖完全	能够根据 PRD（产品需求文档）覆盖所有的内容，结合用户的实际使用场景，根据交互、上下游服务依赖分析出测试的重点和难点，并生成测试用例
2	异常覆盖，使考虑相对比较全面	第一，除了正向逻辑和 PRD 上列出的逻辑之外，能够根据条件组合出不同的逻辑和测试边界。 第二，能够根据研发的技术方案和技术实现逻辑列举出异常的验收场景，当然也可以通过技术手段来辅助完成（例如 Jacoco），这里可以根据具体情况先重点覆盖关键的逻辑语句
3	可读性高	设计思路清晰，用例一目了然，组织结构合理，执行比较顺畅，连贯性比较好
4	易维护性	应该以最少的时间完成测试用例的维护

设计正面的测试用例，需要参照需求文档和设计文档，根据所关联的功能、操作路径等设计测试用例，测试用例应包括需要实现的功能，覆盖率达到 100%。

设计负面的、异常的测试用例也是非常重要的，因为它们往往可以帮助发现软件中潜藏的缺陷。

2.3.5 用例评审的准则

测试用例的评审准则具体如表 2-3 所示。

表 2-3 测试用例的评审准则

序号	准则	是/否
1	测试用例的设计思路合理吗？与 PRD 相符吗？技术方案里涉及的重要关注点都覆盖到了吗？	
2	软件需求的所有功能点是否都能对应正常或异常的功能用例？	
3	测试用例是否覆盖了所有已知的边界值或无效值？	
4	测试用例是否覆盖了安全性问题及性能问题？	
5	若存在接口变更，那么变更是否考虑了新老接口的兼容性，是否关注到位？	
6	是否考虑了上下游服务或者其他模块的关联功能测试用例？	
7	测试用例是否覆盖了输入条件的各种组合情况？	
8	测试用例的检查点、验证项是否明确和完整？	
9	关注的核心用例是否能够实现自动化，如果能够自动化地生成用例，那么其与评审手动编写的用例验证点是否能 100% 地吻合？	
10	测试用例结构是否清晰？是否有主次和优先级之分？是否容易理解？	
11	是否所有的接口数据都有对应的测试用例？	
12	是否考虑了新数据和老数据的兼容性？	

用例评审是产品、开发和测试三方统一认知的最后一道关，我们必须要以专业的眼光和严谨的态度来参与评审，在每一个环节中充分发挥该角色应有的作用。

如果在评审过程中存在没有覆盖到的测试范围和案例，那么后续需要依靠大家的功力来保障软件的质量。所以，用例评审是非常关键的一环，不论采用什么样的开发模式，这一环都是必不可少的，需要我们高度重视。

在评审的过程中，产品、开发和测试相关人员都有自己擅长的一面，当然，除了上述列举的各个关键点之外，执行过程中还需要各个领域的相关人员提高自我认知，只有这样才能保障评审的质量。

2.4　本章小结

凭借由表及里的业务梳理、科学的用例设计、合格的用例评审机制，QA 测试质量有了相应的保障。但实际的项目往往比较复杂，在测试资源、测试环境、跨部门协调受限的情况下仅考虑这些是不完整的，功能测试只是其中的一部分。那么，除了关心功能之外，在企业订餐业务中我们还应关注哪些内容呢？请看下一章，会介绍我们是如何考虑软件质量中的安全问题的。

第 3 章

安全测试

在当前的大数据时代，数据已经得到了巧妙而有效的运用，比如，订餐平台可以根据你的消费行为向你智能推荐你喜欢吃的菜、你关注的商品以及你未来可能消费的品类等，数据让我们的生活及理解世界的方式发生了巨大的改变。

随之而来的，数据的安全无疑成了平台的重中之重。平台除了要满足用户的功能需求之外，还要保证用户的数据安全，基础的功能测试已经无法满足平台运行的基本需求，安全测试也成为最基础的测试手段之一。

3.1 全面清扫当前漏洞

新业务刚开始时，由于人力资源的缺乏和业务的快速迭代，测试人员和开发人员在进行功能实现和功能测试的时候，无形之中会降低安全测试的重要性和优先级，从而导致安全问题频发。常见的问题主要集中在越权和信息泄露两个方面。在团队逐渐趋于稳定且业务体量逐渐增大的情况下，扫除系统中已存在的安全问题和避免新的安全问题已经成为迫在眉睫的事情。

1. 梳理敏感信息

团队当前所面临的最大的安全问题就是敏感信息的泄露，作为 ToB 的服务提供方，每个公司的信息、公司内员工的信息、公司的订单信息等都是极其敏感的隐私信息。那么，什么是敏感信息呢？敏感信息需要根据业务的实际情况来进行判断，通常包含姓名、手机号、地址、账号和密码、各种商户的信息、物流信息、运营数据，等等。

2. 测试范围的确认和计划制定

造成敏感信息泄露的主要原因是 API 很容易出现问题，具体主要体现在以下几个方面。

- 返回的很多敏感信息未进行加密处理。
- 返回了一部分不需要用到的敏感数据。
- 因接口未进行权限校验，从而导致信息越权泄露。

针对以上情况，解决方法是整理现有的 API，进行全面扫描，彻底消除现有接口的安全问题。

接口梳理完之后，面对众多的接口，应该如何制定优先级呢？

这里有两个原则：一是提供给外部使用的接口优先级高于提供给内部使用的接口优先级，二是核心接口的优先级高于非核心接口的优先级。优先级确定好了之后，接下来就是制定计划了。计划的制定需要根据当前的优先级以及资源来分阶段执行。注意，每个阶段都需要包含具体的任务、明确的目标、时间节点，这样才能有产出及较好的成效。

3.2 团队安全知识赋能

3.2.1 引入安全测试工具

安全测试工具的引入可以帮助我们更好地进行安全测试及监控。本着简单、易用、实用的原则，经过调研，我们决定引入如表 3-1 所列举的两个安全测试工具。

表 3-1 安全测试工具

集成化渗透测试工具 Burp Suite	该工具集合了多种渗透测试组件，使我们可以更好地通过自动化或手工方式完成对 Web 应用的渗透测试和攻击。Burp Suite 提供的功能包括但不限于：请求数据包的拦截和修改、扫描 Web 应用程序漏洞、暴力破解登录表单、执行会话令牌等多种随机性检查
白盒测试工具 STC	阿里巴巴集团内部自研的代码安全扫描工具，该工具已经与发布系统进行集成，在应用发布之后会自动执行代码扫描，并将结果发给对应的负责人

3.2.2 增强安全意识

保证系统的安全性是团队中每一个成员的责任，因此每个人都需要有安全意识。为了加强大家的安全意识，日常工作中有必要做一些安全知识宣讲，主要包括以下几个方面。

- 安全测试认知和常见安全漏洞普及。
- 记录日常工作中所发现的安全问题，定期复盘。
- 安全测试知识分享。

3.3 安全测试常态化

软件的安全测试通常贯穿于开发的整个生命周期（安全开发生命周期如图 3-1 所示），无论处在生命周期的哪个阶段，都有考虑系统安全的必要性，所以将安全测试常

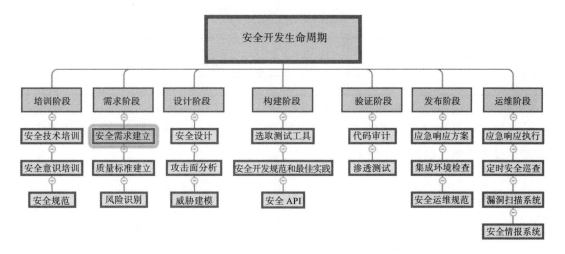

图 3-1 安全开发生命周期

态化非常重要。那么，应该如何将安全测试常态化呢？怎样的安全测试才能称之为常态化？下面将从两个方面进行阐述。

3.3.1 下沉 QA 流程

设计测试方案时需要考虑安全测试因素，制定安全测试计划，具体操作可参考如下设计模板。

1. 安全测试技术方案模板

（1）安全测试内容

安全测试内容如表 3-2 所示。

表 3-2 安全测试内容

类型	接口/页面详情	AppID（服务）	可能存在的安全问题
接口测试	Service.method	/	越权/敏感信息泄露……
Web 页面测试	页面 URL	/	SQL 注入……

（2）安全测试工具

安全测试工具如表 3-3 所示。

表 3-3 安全测试工具

工具	用途
charles	抓包后篡改接口数据进行测试
STC	代码扫描

注意，设计测试用例时，需要增加安全测试用例的设计并进行评审，测试报告也需要体现安全测试的内容和结果。

2. 安全测试报告

测试报告可参考如下内容。

（1）安全测试结果

本次安全测试通过/不通过。本次安全测试共设计用例××个，通过××个，还剩××个未通过（写明原因）。

（2）安全测试发现的问题

本次安全测试发现问题××个，解决××个，剩余××个未解决（在表3-4中记录下测试时发现的问题，并写明未解决的具体原因）。

表3-4 安全测试发现的问题明细表模板

问题	详情	解决方案	问题类型	严重级别	是否解决

（3）可能存在的安全风险

- 第一点
- 第二点
- ……

注意，需要建立安全测试问题库，以方便QA和RD（Research and Development Engineer，研发工程师）了解安全问题。同时，还要对安全测试方法进行整理，以方便QA系统学习安全测试方法。

3.3.2 研发流程增设安全保障

研发流程中需要增加对安全问题的考量，这将有助于在系统设计初期识别出部分安全问题，并加强研发和测试人员的安全意识，降低线上安全问题暴露的风险。安全保障具体体现在以下几个方面。

（1）风险识别方面，RD在技术方案上进行拦截

所有API和开放平台接口都会涉及安全问题，进行技术评审（接口评审）时，需要

增加安全评审。安全评审主要用于评定哪些接口需要进行安全测试，并由前端和测试人员共同决定 Web 页面是否需要进行安全测试，最终的技术方案需要输出安全评审的结果。

（2）测试方案及测试用例方面，QA 进行拦截

QA 根据安全评审结果，制定安全测试方案和设计安全测试用例，并在测试过程中执行安全测试。测试完成后，需要在测试报告中增加安全测试模块，以用于描述安全测试的结果。

（3）与安全组建立联系

为有重要风险的接口和功能变更请求建立共同保障机制，新增或者更新重要的 API（一般是指会涉及敏感信息的接口）时，测试方案中的安全测试部分以及安全测试用例可以由安全组进行评审，并在上线之前请安全组的同事共同验证是否存在安全漏洞。

3.4 本章小结

执行完上面一整套的实施方案之后，基本上就可以全部发现并修复现有的安全问题了，新功能所产生的安全问题 99% 都能够在测试阶段发现并修复。在部门内部，无论是研发人员还是测试人员，在设计技术方案和测试方案的时候都会着重考虑是否会引发安全问题。如果每个人的安全意识都在不断地提高，那么实现线上零安全问题将指日可待。

第 4 章 Chapter 4

兼容性测试

功能测试可以保证各项功能在不同的环境中都能够正常使用,因为网络环境、硬件环境、浏览器、分辨率等在功能能否正常使用上起着决定性作用,所以本章就来重点介绍我们在兼容性测试方面的具体做法和设计思路。

4.1 兼容性测试的挑战

对于软件测试工程师来说,不管采用哪种类型的测试,兼容性测试都是无法回避的重点和难点。兼容性测试主要包括 App、H5、操作系统、Web 浏览器、API 等因素。

从以 Android 和 iOS 为系统的移动应用,到 H5 和小程序,再到微服务架构,无一例外,每个阶段都要面临的一个挑战就是兼容性测试,主要挑战具体如下。

- 操作系统的多样性:Android 和 iOS 及其频繁升级的系统版本。
- 各大移动厂商的系统高度定制化:EMUI、MIUI、Funtouch OS 等。
- 移动设备的丰富性和差异化。
- App 及 H5 组件的更新换代。
- 后端 API 版本的迭代升级和兼容。

之所以说是挑战，是因为兼容性测试将会考验你的风险判断能力，简而言之就是如何评估兼容性测试的必要性。那么，真正的兼容性测试到底是如何定义的呢？

兼容性测试是指检查软件之间能否正常地进行信息交互和信息共享。随着用户对各种类型的软件之间共享数据和空间的能力的要求越来越高，测试软件之间能否正常协作将变得越来越重要。

4.2 兼容性测试的步骤

简而言之，兼容就意味着要保证用户与软件之间的交互是符合期望的，避免出现任何报错、UI 展示失真、页面白屏、功能丧失等问题。

那么问题来了，如何做兼容性测试呢？兼容性测试的步骤如图 4-1 所示。

图 4-1　兼容测试步骤

（1）明确兼容性测试的对象

App、手机操作系统、H5 和 API，不同的测试对象所对应的测试策略也有较大不同。

举个例子，App 更关注手机的操作系统、版本兼容升级以及热门机型；而 H5 则不太关注这些，其主要关注浏览器内核版本；API 可能更加关注新老数据的兼容性，老接口的兼容性，等等。

（2）兼容性测试介入的时间节点

App 新版本发布、操作系统升级、新的前端组件的引入、浏览器内核升级、相关的主要机型的变更等都是常见的兼容性测试介入点。并不是所有的功能都要上线或者优化，而是需要重点进行兼容性测试，有些版本发布甚至不需要进行测试，如 UI 文案的修改或页面在不引入新组件情况下进行的调整，等等。

（3）评估 ROI

兼容性测试是要泛泛而测，还是要全范围覆盖？考虑到投入产出比，我们需要根据软件的使用情况来具体评估，具体说明如下。

在产品还处于初创期的时候，大力投入兼容性测试是一种舍本逐末的做法，会导致入不敷出。初创期的产品应该以功能的测试为主，到一定阶段之后再来进行大范围的兼容性测试。

（4）选取兼容性测试的范围和重点

基于数据分析和风险分析（比如，Top30 机型、Top10 系统等），针对性地找出兼容性问题的"重灾区"，有利于精准定位兼容性测试的范围和重点，防止事倍功半。

（5）选取兼容性测试的方式

可以通过手动测试、自动化测试、云真机测试等方式进行兼容性测试。需要说明的是，手动测试依赖于线下丰富的机型库；自动化测试则会将重复运行的部分脚本化，以提升测试效率，难点在于测试过程中兼容性指标的搜集；云真机测试由于线上具有丰富的机型库且成本较低，因此受到越来越多互联网公司的青睐。

（6）输出兼容性测试报告

兼容性测试报告需要给出结论，即本次测试是否符合预期，如果不符合预期，需要做哪些优化。注意，不论是什么结论，都需要是基于数据分析而得出的。另外，本次测试的文档也需要沉淀，以方便后续复用和分享。

4.3 案例分析：性能测试对比

4.3.1 案例背景

- 项目：竞争对手订餐系统与我公司订餐系统的商家版的性能测试对比
- 时间：2017 年 12 月
- 背景：线上有部分商家反馈，饿了么的商家版比竞争对手的商家版更耗流量，启动和加载更慢，没有竞争对手的软件好用，公司要求做一次商家版的性能测试对比，分析数据并给出结论。
- 涉及的系统：Android、iOS、Windows。
- 涉及的 App：竞争对手的商家版在 iOS、Android、PC 端的 App，饿了么的商家版在 iOS、Android、PC 端的 App。
- 机型选择：Android Top5 机型、iOS Top2 机型、Windows7 系统。
- 性能指标：CPU、内存、启动时间、H5 加载时间、FPS、耗电量、崩溃率/闪退/Crash。
- 功能场景：App 启动/退出、登录、订单查询、H5 页面进入/退出。
- 测试工具：Appium、Emmagee 工具、MQC 平台兼容性测试、battery-historian。

4.3.2 测试策略及过程

整体测试方案包括半自动化地执行兼容性测试和性能测试。下面以 Android 平台为例来讲解测试的过程。

1. 指标确定

经过线下调研，我们确定了业内常见的用于对比的性能指标，具体如下。

- CPU
- 内存
- 流量
- 启动时间
- 耗电量

- 崩溃/闪退/Crash
- FPS
- H5 平均加载时间

2. 机型选择

基于饿了么商家版线上使用的机型数据，结合团队已有的测试机型，我们最终选取了具有代表性的 Top5 机型。

3. 工具及指标获取

我们调研了市面上常用的测试用工具，最终选择如下工具来采集性能数据。

- Emmagee 工具：用于监控单个 App 的 CPU、内存、流量。
- MQC 平台：用于采集 App 启动时间和崩溃/闪退/Crash 数据（Top30 机型兼容性测试数据）。
- battery-historian：谷歌开源的工具，用于采集耗电量数据。
- 商家版 Debug 模式下的 FPS 和 H5 加载时间采集（竞争对手的这两项指标忽略）。

4. 半自动化测试（Emmagee 工具及 MQC 平台）

接下来，基于 Python 的 Appium 框架编写 App 主流程测试脚本（安装→启动→登录→处理订单→查询订单→查询商品→查询评价→查询商家活动→查询门店信息→卸载，Appium 测试脚本如图 4-2 所示），Emmagee 工具和 MQC 平台可通用。

编写 Bash 脚本串联整体链路，便于一键执行，具体脚本如下。

```
#!/usr/bin/env bash

# 数据初始化
adb shell rm -rf /storage/sdcard0/Emmagee
rm fx.csv
rm data/*.csv

# 获取设备信息
```

```
var_device=`adb devices |head -n 2 |tail -n 1 |awk '{print $1}'`
var_version=`adb shell getprop ro.build.version.release`
adb install napos.apk
echo $var_device>device_info.txt
echo $var_version>>device_info.txt

# 启动虚拟环境
source ~/python2_appium/bin/activate

# 执行核心链路测试用例
echo "starting execute napos testing script ..."
python -m unittest main_napos
echo "already end napos testing script ! "

# 采集测试数据
adb pull /storage/sdcard0/Emmagee/`*.csv` data
mv data/*.csv fx.csv

# 数据处理
python data_query.py
```

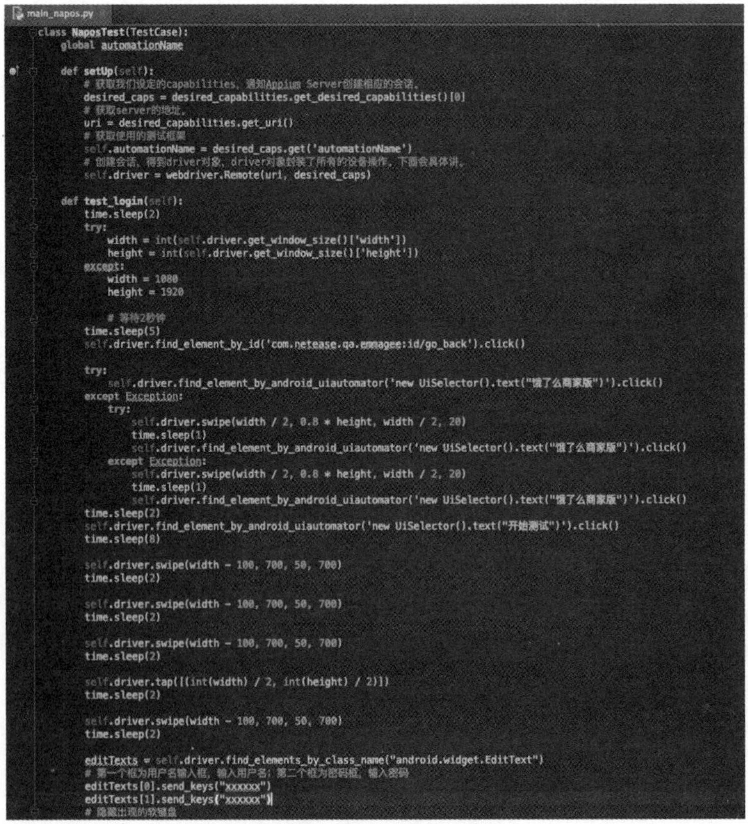

图 4-2 Appium 测试脚本

接下来就是数据分析和可视化操作了。获取 App 测试数据之后，接下来主要是做对比分析和可视化，部分指标数据如图 4-3 所示。

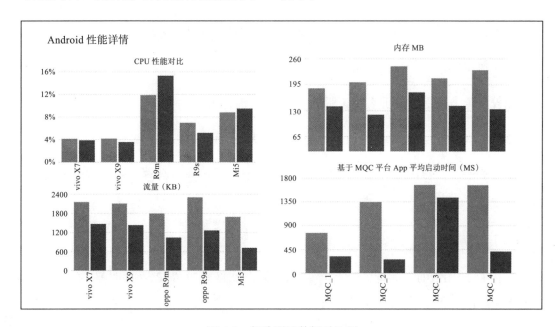

图 4-3　部分测试数据对比图

5. 兼容性测试（MQC 平台）

直接使用 MQC 平台的兼容性测试，只需要上传测试 APK 及测试脚本，平台默认选择目前最为流行的 30 款 Android 机型，每人每天可以免费使用 2 次，非常方便。

测试完成之后，平台会自动生成测试报告，然后基于报告做数据对比分析即可！

4.3.3　测试结论

整体测试总结：APP 在整体性能上存在差距，需要有针对性地进行优化；PC 端在整体性能、页面访问及加载速度等方面优于竞争对手。

Android 部分的性能总结具体如下。

（1）CPU

在更多机型上，相较于竞争对手，饿了么商家版 APP 的 CPU 占用率要略高。

原因：轮询比竞争对手多，饿了么商家版 APP 在业务上有 4 个轮询，竞争对手只有 1 个。

优化方案：建议优化长链，以长链为主轮询为辅的方式减少 APP 不必要的开销。

（2）流量

相较于竞争对手，饿了么商家版 APP 的流量消耗更多。

原因：与 CPU 占用率高的原因相同，饿了么商家版 APP 的轮询更多。

优化方案：在客户端下载一个迭代版本，在对应页面通过数据打点，找出关键原因并进行优化。

（3）内存

在内存占用方面，相较于竞争对手，饿了么商家版 APP 运行时平均要多占用 71MB 的内存。

原因：订单和菜品模块内存中缓存了较多业务数据。

优化方案：服务端仅返回必要的数据，以减少客户端缓存数据的大小，同时客户端需要优化缓存逻辑，减少不必要的缓存。

4.4　关于测试机器资源

其实，这里还会涉及一些兼容性测试资源的问题，传统的 APP 兼容性测试最大的资源消耗是囤机器。比如，Android 各个系统版本的手机、iOS 各版本的手机，以及市场上的热门机型，再加上移动设备的更新换代太快，机器使用周期相对较短，这些都导致兼容性测试的成本太高且资源利用率相对较低，这是兼容性测试的最大缺点。后来出现了很多云真机平台，比如 MTC、MQC 等，很多平台都支持上传脚本进行自动化测试，这是一大进步，QA 人员可以非常方便地进行机型适配及兼容性测试，而不用再绞尽脑汁去借机器或者等待采购流程了，这也极大地节约了部门的资源和预算。

4.5 本章小结

随着测试技术的进步，目前很多平台对兼容性测试和性能测试的支持越来越完善，之前是整合多个工具进行兼容性测试，现在工具反而不是瓶颈，更大的挑战是 QA 人员对兼容性测试时机的判断以及 ROI 的考量。

移动互联网的发展日新月异，很多时候企业追求的是敏捷开发、快速迭代、快速上线，而确保产品的功能可用是最根本的要求。因此，很多情况下，兼容性测试也是基于最小化原则进行的。总而言之，提升用户体验，兼容性测试必不可少。

Chapter 5 第 5 章

线上问题治理

在保证基础功能在不同的硬件环境中能正常使用的同时,我们还要扩展边界,从用户视角出发,高效解决用户碰到的问题,提升用户体验。

线上问题的处理是任何一家互联网企业都不容忽视和小觑的。线上问题可以反映产品的质量和用户的需求,能帮助我们加深对业务的理解。

5.1 线上问题的现状

线上问题通常是指产品上线之后,用户在使用过程中发现的影响使用或体验的问题。用户将问题反馈给客服后,问题一般会以工单的形式在企业内部流转,直至企业为用户提供满意的结果。随着线上问题的反馈量不断增多,对线上问题的处理极易出现周期长、跟踪难、易遗漏、不同步等问题。这里对线上问题所面临的痛点做一个总结,具体如下。

(1)业务属性

企业订餐是 ToB 业务(客户是企业,直接关系到企业员工就餐的问题),客户对于线上问题的处理时长有很高的要求,因此我们更期望线上问题可以得到快速反馈和快速解决。

（2）跟踪困难

在传统方式下，线上问题的反馈完全依赖于人工记忆和聊天记录，问题追溯困难，且遗漏问题的情况时有发生。问题从反馈到解决的过程几乎处处是盲点。反馈问题的人不知道问题的流转人员和解决情况，跟进的人不知道如何实时通知相关人员问题的最新进展情况（流转、数据、结果）。

（3）问题的统计分析

在日常工作中，工作人员每天都会或多或少地收到线上问题的反馈。如何掌握线上问题的分布情况和了解技术人员对线上问题的处理情况，从而使问题得到更快、更优的解决？如何从线上问题的表象中发现更深层次的问题，并不断地优化研发效率、提升产品质量？这些都是不得不关注的重要问题。

（4）控制问题反馈率

随着业务的不断发展，累计接收到的线上问题也与日俱增。如何才能降低线上问题的反馈数量，提升线上问题的反馈质量（即尽量避免重复的、无效的问题）？这也是应该重点考虑的。

5.2 工具的抉择

通常，治理线上问题都会使用工单系统。工单系统比较成熟，流程规范，每个节点都有对应的角色过滤，可以很好地解决ToB问题，工单系统与企业订餐流程的对比图如图5-1所示。

从如图5-1所示的流程来看，工单系统的处理节点多，反馈流程长，而企业订餐这种ToB类型的业务，节点少，离技术更近，且需要快速响应。因此，采用现有的工单系统并不能满足我们现有的业务场景。本着"没有一成不变的流程策略，只有不断匹配业务发展和成长的战术"的原则，我们将探索新的适合业务和组织需要的线上处理方案。

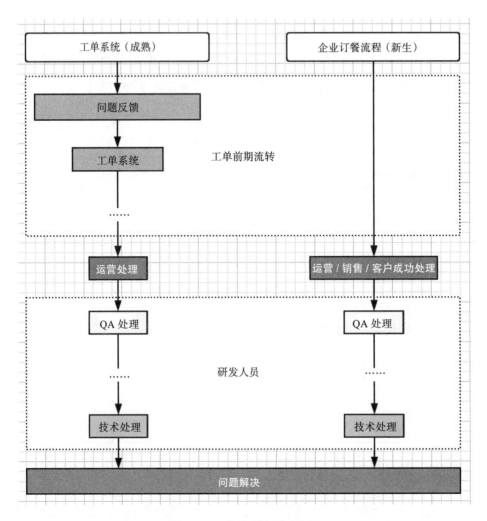

图 5-1 工单处理流程对比图

5.3 线下反馈线上化

5.3.1 钉钉机器人接入

将钉钉机器人引入线上问题反馈群组，通过钉钉机器人对问题进行统一收录、提醒、跟踪和统计，实现问题的快速反馈和及时跟进。

（1）收录问题

反馈人员只需要将问题及其相关描述以及系统必需的一些关键信息输入群组，机器人感知后对问题进行分类处理，打通缺陷工具并自动提交给对应的 QA 人员。这一过程可以避免问题遗漏，同时，由缺陷工具跟进线下问题，可以节约问题的流转时间。

（2）跟踪问题

问题从反馈到解决的整个周期，包含已确认、已修复、无效、重复等多个不同的节点。对于每个节点的变更，机器人都会将消息自动同步发送给反馈者。除此之外，问题的每条评论内容也会实时同步发送给反馈者，以便反馈者能够随时掌握问题的最新状态。

（3）问题简报

机器人每日统计前一日的线上问题情况，并发送到相关的群组，以方便大家了解每日的线上问题反馈情况，并在必要时做出相应的调整。问题简报示例如图 5-2 所示。

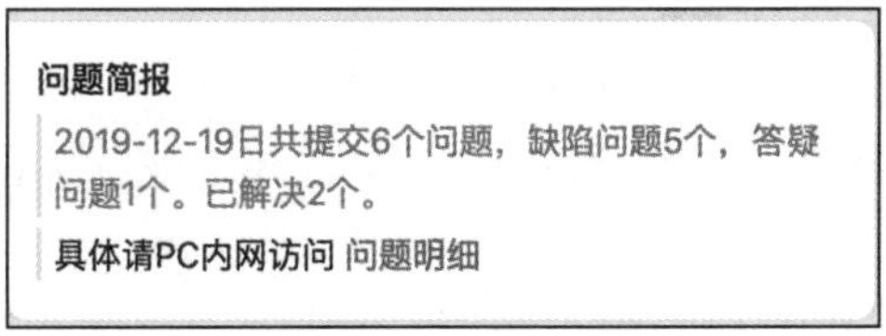

> **问题简报**
> 2019-12-19日共提交6个问题，缺陷问题5个，答疑问题1个。已解决2个。
> **具体请PC内网访问 问题明细**

图 5-2 问题简报

5.3.2 简化线上问题反馈

（1）线上问题反馈

接入机器人后，运营和销售的原操作方式会继续保留。运营和销售可以像提 Bug 一样反馈线上问题，如图 5-3 所示。

（2）Bug 自动转移

线上问题的处理，以第一时间解决客户问题为首要宗旨。但是 Bug 的彻底解决往往会受制于发布窗口，此时可以使用临时方案优先处理客户问题（这里可以视为线上反馈均已得到解决），再进一步跟踪问题直到 Bug 彻底修复。为了更好地跟踪线上 Bug，我们将 Bug 从线上反馈中提取出来并加以区分，然后采用自动转移的方式将线上反馈的 Bug 转移到线下 Bug 库，对后续缺陷进行及时跟进和处理，从而可以更加直观地分析线上反馈和线上 Bug，具体过程说明如下。

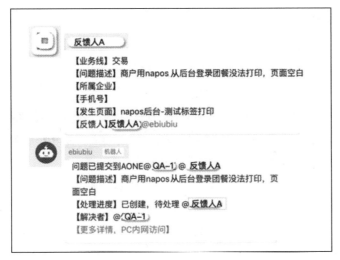

图 5-3　线上问题反馈示意图

1）数据源：在线上问题反馈工单池中，每日筛查线上 Bug。

2）转移：将每日的线上 Bug 自动转移到线下 Bug 池，并创建线上工单和线下 Bug 的关联关系。

3）通知：通知 Bug 对应的 QA 责任人及时关注最新进展。

4）同步：每日同步线下 Bug 池中的 Bug 状态，保持最新状态。

5.4　线上问题数据沉淀及可视化

现阶段我们主要采用图表的方式来展示线上问题的分布情况，包括线上问题和线上 Bug 的修复情况，以侧面反映我们的问题处理情况。后续我们还会利用更丰富的数据，更加准确地为 QA 人员指明不同时期的侧重方向。

线上问题解决情况的统计图表效果如图 5-4 所示。

线上 Bug 修复情况的统计图表效果如图 5-5 所示。

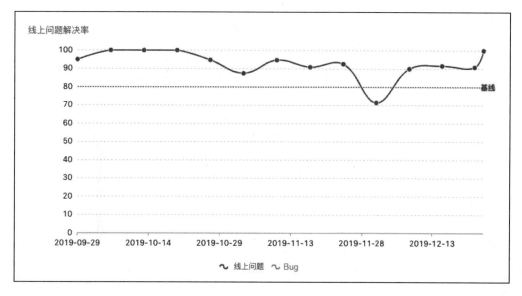

图 5-4　线上问题的解决情况

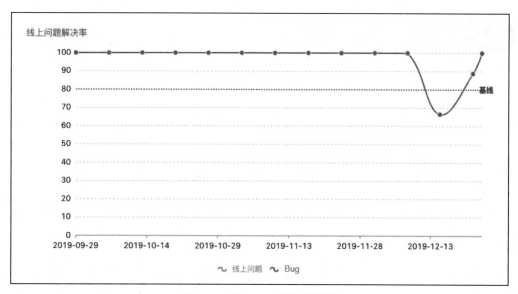

图 5-5　线上 Bug 的修复情况

5.5　FAQ 转化

1. 线上问题的 3 种类型

线上问题主要可以分为如下三种类型。

- 功能缺陷：由于代码问题而导致的功能缺陷，需要开发和修复。
- 答疑：由于功能点不明确、操作不当而引发的问题，无须开发和修复。
- 功能优化：现有功能不满足用户需求，或者会造成用户误解，需要进行优化。

在对线上问题的类型进行统计时，我们发现，答疑类问题占了总数的一半以上，其中包括重复提问、操作失误、对功能点不熟悉等情况，此类问题若可以在运营人员处得到解决，而不是流转到测试部门和开发部门，则可以节省大量的排查、答疑时间。

2. FAQ 自查文档

要想减少线上答疑类问题，解决方法有两种：第一，整理和汇总功能文档，加强功能培训；第二，为运营等人员提供一份自查的 FAQ 文档（如图 5-6 所示）。

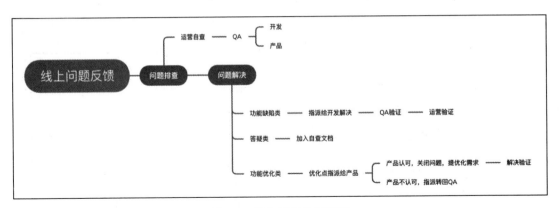

图 5-6 线上问题处理机制

自查文档要清晰、易读，并且需要及时维护，才能发挥最好的效果，具体说明如下。

- 定制一个清晰的目录。可按照模块和大功能点进行划分，对于特殊的大项目，也可以单独成章。
- 描述方式要简洁易懂，与运营等人员沟通，针对重点功能的词语使用、问题回答等模板达成共识。
- 当问题可能是由多个原因导致时，将各种情况按可能性大小和排查难易程度进行排序，尽可能让他人快速查找到具体原因。
- 在提供问题排查手段或解决方案时，将查看、操作路径等信息写清楚。

在查询文档时，需要先找到文档，再通过搜索或者查看目录找寻问题，这可能会花费一些时间。为了提高效率，可将自查文档与问答机器人相结合，将机器人引入群组，运营人员提出功能点的关键字，让机器人给出其可能要问到的问题，并给出相关功能点的链接，从而帮助运营人员更快速地找到问题的解决方案。

5.6 线上问题规约

为了能够更加合理且快速地解决问题，可以制定一套线上问题规约体系，约定内容具体如下。

- 规约宣导（线上群公告，线下组织文档操作和基础业务方面的培训）。
- 问题分类和定级。
- 线上问题处理机制遵循 1/5/30 原则（1 分钟感知，5 分钟响应，30 分钟解决）。
- FAQ 持续转化输出，赋能运营人员和业务人员高效解决问题。

实施过程中，将各方认可的规约细则公布到钉钉群组公告中，同时支持以问答机器人的形式供群组成员查询。双管齐下，反馈问题的相关人员可以很方便地了解问题规约，进而提高线上问题的解决效率。

5.7 本章小结

针对本章所述的线上问题，我们大刀阔斧地改进反馈机制，经过一系列的技术和流程优化，我们开创了一套适应企业订餐业务的、独有的线上问题处理机制。相较于最原始的线下跟进处理方式，反馈问题和解决问题的效率都有了质的飞跃。对线上问题进行分类和 FAQ 转化，以及对沉淀下来的反馈数据进行分析处理和可视化，能够积极地推动线上产品质量的提升并降低反馈率。后续线上治理方面，我们还会持续不断地进行技术和流程的创新，以提升线上产品质量和客户的满意度！

第三篇 Part 3

提　　效

虽然我们会从功能、安全、线上问题等多个维度去保障质量，但日常的迭代任务中存在大量效率低下的问题需要解决，比如，重复进行的自动化测试代码和人工统计覆盖率等。随着研发模式的改变，小步迭代、快速上线已经变成了常态，上线周期从原来的 1 个月甚至更长时间缩短到 1 周甚至更短时间。

提效已经变成了紧急且重要的事情，本篇将通过 API 自动化框架的搭建、覆盖率的统计、代码自动生成技术以及 BDD、FSM 等技术来介绍 API 自动化测试效率不断提升的过程。

第 6 章

API 测试框架

API（Application Programming Interface，应用程序接口）是指一些预先定义好的函数，也可以指软件系统不同组成部分衔接的约定。API 的作用是为应用程序与开发人员提供某软件或硬件得以访问一组例程的能力，无须访问源码或者理解内部工作机制的细节。通俗来讲，API 就是通过约定好的使用规范调用服务方的指定接口，从而实现自身系统的指定功能，同时又无须了解服务方本身以及被调用接口的内部逻辑。

6.1 API 测试基础知识

在接口测试过程中，我们接触到了各种各样不同的接口协议，以 HTTP 为代表的面向资源的架构 RESTful，以及以 JSON、Thrift 等协议为代表的面向服务的架构 SOA。对于 RESTful，每一个 URI 都代表了一种资源，客户端通过 HTTP 动词操作服务器资源，实现了表现层状态转移；SOA 的设计理念是跨平台，松耦合，服务可插拔、可重用。在使用方式上，RESTful 只能通过客户端模拟 HTTP 请求，对资源进行访问，而 SOA 则支持多种访问方式，如 HTTP、TCP、RPC 等。

6.1.1 RPC

1. RPC 介绍

RPC（Remote Procedure Call）即远程过程调用，是指通过网络从远程计算机的程序上请求服务，而不需要了解底层的网络技术协议。在企业订餐系统中，我们使用 SOA 在不同的应用模块之间提供 RPC 服务。SOA 具有独立性，各应用模块使用的技术、提供的功能、依赖的服务都是相互独立的。实际运用过程中，可以根据业务逻辑区分不同的、独立的服务，定义不同服务的接口及不同服务的网络传输模块。

2. RPC 实现方式

SOA 可以通过 JSON RPC 和 Thrift 两种协议实现远程服务调用。表 6-1 对比了 JSON RPC 和 Thrift 两种 RPC 远程调用方式的异同。

表 6-1 JSON RPC 和 Thrift 对比

语言（Language）	IDL	协议（Protocol）	Transport	Feature
Java	Interface	JSON	HTTP	・简单，易于理解； ・文本格式，Debug 方便 ・JSON，多语言支持
Python	Thrift	Binary	Buffered Transport	・编码效率高 ・传输带宽小

图 6-1 所示的是 RPC 的运行原理。

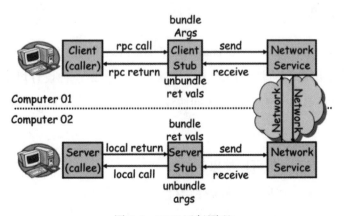

图 6-1 RPC 运行原理

RPC 调用过程具体如下。

1）服务消费方（Client，调用方）以本地调用方式调用服务。

2）Client Stub 接收到调用请求后，负责将方法、参数等组装成能够进行网络传输的消息体。

3）Client Stub 找到服务地址，将消息发送到服务端。

4）Server Stub 收到消息后进行解码。

5）Server Stub 根据解码结果调用本地服务。

6）执行本地服务，并将结果返回给 Server Stub。

7）Server Stub 将返回结果打包成消息并发送至消费方。

8）Client Stub 接收消息，并进行解码。

9）服务消费方得到最终结果。

JSON RPC 主要是在 Java 服务间使用，开发人员通过在自己的服务中引入服务提供方的 jar 包实现 JSON RPC 的调用。而跨语言的不同服务则是通过在自己的代码中引入服务提供方的 Thrift 文件实现 Thrift 的远程调用。

目前，公司的 SOA 服务主要提供 JSON RPC 和 Thrift 两种协议，并通过 Thrift 实现不同语言之间的相互调用。

6.1.2 RESTful

1. RESTful 介绍

REST（Representational State Transfer）的概念是 Roy Thomas Fielding 于 2000 年在其博士论文中提出的，通常翻译为表现层状态转移，是一种设计风格，REST 迅速取代了复杂而笨重的 SOAP（简单对象访问协议），成为了 Web API 的标准。REST 架构的主要原则具体说明如下。

- 网络上的所有事物都可以抽象为资源。
- 每个资源都有一个唯一的资源标识符。
- 同一个资源具有多种表现形式（JSON、XML 等）。

- 对资源的各种操作不会改变资源标识符。
- 所有的操作都是无状态的。

如果一个架构符合 REST 原则,则称它为 RESTful 架构。互联网通信协议 HTTP 是一个无状态协议,所有的状态都保存在服务器端,只能通过 HTTP 里的动词(GET、POST、DELETE 等)对服务端资源进行添加、修改、删除等操作,以实现资源的状态流转。

RESTful API 的常见内容介绍如表 6-2 所示。

表 6-2 RESTful 协议

内容	描述
协议	API 与用户的通信协议,总是使用 HTTPs
域名	映射服务器的 IP,如 http://app-api-shop.alta.elenet.me/
版本号	应该将 API 的版本放入 URL 之后,如 https://restapi.ele.me/v2
路径	API 的具体网址,负责将资源通过合理的方式暴露出来 对资源的操作与之无关 不能使用动词
HTTP 动作	对资源的具体操作类型(括号里是对应的 SQL 命令),见下文与 HTTP 动作相关的内容
过滤信息	API 应该提供参数,过滤返回结果,如 https://api.example.com/v1/employees?limit=10
状态码	如 Status Codes :200,表示服务器成功返回用户请求的数据
错误处理	见下文与错误处理相关的内容
返回结果	见下文与返回结果相关的内容
服务器返回的数据格式	尽量使用 JSON 格式,避免使用 XML 格式
API 的身份认证	OAuth 2.0 框架

2. HTTP 动作

资源的具体操作类型一般由 HTTP 动作表示。常用的六个 HTTP 动作具体如下(括号里是对应的 SQL 命令)。

- GET /collection/resource:返回单个资源对象。
- GET(SELECT):从服务器端获取一项或多项资源。
- POST(CREATE):在服务器端新建一个资源。
- PUT(UPDATE):在服务器端更新资源(客户端提供改变后的完整资源)。

- PATCH（UPDATE）：在服务器端更新资源（客户端提供改变的属性）。
- DELETE（DELETE）：从服务器端删除资源。

3. 错误处理

错误码一般是 4×× 或 5××，4×× 通常用于表示客户端错误，5×× 通常用于表示由服务器引发的错误。一般来说，发生错误时，应该向用户返回相应的出错信息，使用户能够感知到具体的原因。返回的信息一般会包含具体的错误码以及相应的错误信息，示例代码如下。

```
{
    code: 503,
    message: "服务不可用"
}
```

4. 返回结果

- GET /collection/resource：返回单个资源对象。
- POST /collection：返回新生成的资源对象。
- PUT /collection/resource：返回完整的资源对象。
- PATCH /collection/resource：返回完整的资源对象。
- DELETE /collection/resource：返回一个空文档。

如代码清单 6-1 所示的是 RESTful 的简单示例。

代码清单 6-1　RESTful 简单示例

```python
def get_service_address(self, *args, **kwargs):
    """
    查询企业送餐地址列表
    :return:
    """
    params = {
        "start": 0 if 'start' not in kwargs else kwargs['start'],
        "limit": 10 if 'limit' not in kwargs else kwargs['limit'],
    }
    path = "/xx/xx/address/ServiceAddress"
    return EnterpriseBaseApi(path = path, pattern = "get", token = self.token,
module = env.ENTERPRISE_MANAGER,params = params).enterprise_call ()
```

6.1.3 Thrift

1. Thrift 介绍

Thrift 是一种接口描述语言和二进制通信协议,可用于定义和创建跨语言的服务。Thrift 经常被当作远程过程调用(RPC)框架来使用,是 Facebook 为"大规模跨语言服务开发"而开发的。Thrift 可以通过一个代码生成引擎联合一个软件栈来创建不同程度的、无缝的跨平台高效服务。

2. Thrift 工作原理

Thrift 的运行原理如图 6-2 所示。

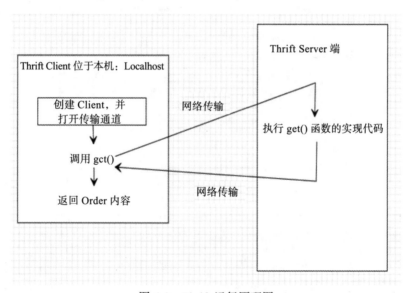

图 6-2　Thrift 运行原理图

如图 6-2 所示,Thrift 的运行步骤具体如下。

1)创建一个 Client 对象,并打开传输通道。
2)调用本地的接口函数。
3)将请求发送到 Server 端。
4)Server 端执行对应的实现函数以完成具体操作。
5)Client 接收返回值。

3. Thrift 运用

首先，做好 Thrift 使用前的准备工作，即先安装 thriftpy 模块，然后将 Thrift 文件放置在当前代码的同级目录下。

通过对应服务的 QA 人员或开发人员，直接在对应服务的代码仓库中寻找并获取服务的 Thrift 文件。如图 6-3 所示的 Thrift 文件解析展示了具体文件中的源码所代表的意思。如何使用 Thrift 可参考图 6-4 所示的 Python 简易调用示例。

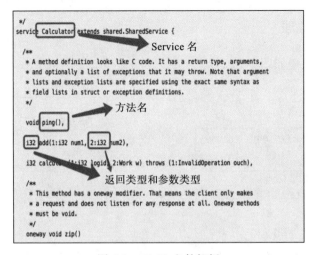

图 6-3　Thrift 文件解析

```
eos_thrift = thriftpy.load(BASE_PATH + "eos.thrift", module_name="eos_thrift")
with make_client(eos_thrift.ElemeService, host="10.2.14.200", port=15000) as eos_client:
    order = eos_client.get(order_id=123456789)
    print(order)
```

图 6-4　Python 简易调用示例

6.2　常见 API 测试手段

具备了协议的基础知识之后，我们还需要进一步了解 API 测试关注的重点和测试手段。接口测试的重点是检查接口参数传递的正确性、接口功能实现的正确性、输出结果的正确性，以及对各种异常情况进行容错处理的完整性和合理性。接口测试成本低收益高，可以尽早发现 Bug。在实际项目中，接口测试可以覆盖一定程度的业务逻辑。本节将介绍接口测试的几种常见手段以及各自的优缺点。

6.2.1 cURL

cURL 目前已经成为我们团队高效沟通的一种方式。cURL 可以高效、便捷地复现问题，这也是此方式能够一直沿用至今的缘由。我们现在定制框架时，也针对 HTTP 请求做了定制的 cURL 处理，就是为了在遇到问题时能够高效沟通，达到高效复现的目的。

1. cURL 介绍

cURL 是一个利用 URL 语法在命令行下工作的文件传输工具。例如，最简单的使用方法是：curl http://curl.haxx.se。通过这个命令可以获得 http://curl.haxx.se 指向的页面。

2. cURL 的主要组成

（1）-X/--request <command> 参数

指定命令类型如下：

-X GET
-X POST
-X PUT
-X DELETE

（2）-H/--header <line> 参数

自定义头信息并传递给服务器。

（3）-d/--data <data> 参数

-d 选项可以使用 POST 方式向 Server 发送数据，因此在使用 -d 选项的时候，可以省略 -X POST。

注意，使用 -d 选项时，可以使用 Content-type:application/x-www-form-urlencoded 方式发送数据。如果想使用 JSON 形式的 POST 数据，则可以使用 -H 指定头部类型。下面列举一个示例，如代码清单 6-2 所示。

代码清单 6-2　curl -H 代码实例

```
curl -H "Content-type:application/json;charset=utf-8" -d
'{"data":"123","key":"456"}' http://localhost:8080/search
```

（4）-I/--head 参数

只显示请求头信息。该选项经常被用来测试 IP 的连通性，示例代码如下。

```
curl -I    https: //www.taobao.com
```

3. 使用 cURL 进行测试

可以使用 cURL 命令组合拼接请求，并在命令行执行，变更 data 中不同的入参，可以验证返回结果是否符合预期，如代码清单 6-3 所示。

代码清单 6-3　cURL 命令

```
curl -XPOST
-H "Content-type:application/json;charset=utf-8"
-H "X-RequestID:2D2FF52832F541588B10A3B5D6BCA9B6|1582884835130" -H "X-RpcID:1"
    https://open.shop.ele.me/api/v1/
-d '{
    "nop":"1.0.0",
    "id":"2D2FF52832F541588B10A3B5D6BCA9B6|1582884835130",
    "action":"eleme.market.createOrder",
    "token":" ",
    "metas":{
        "app_key":"UxIKWCEr7g",
        "timestamp":1582884835
    },
    "params":{
        "request":{
            "merchantShopId":nul
            "no":"NG94283381",
          }
    },
    "signature":"B286B583EA7E14CCB85EF19FC175DE7B"
}'
```

6.2.2 常见工具分析

接口自动化工具种类繁多,其中,比较有特色和具有时代性的典型代表包括 Postman、JMeter、HttpRunner、RobotFramework 等。接下来,我们将介绍两个比较经典的组合,以及对此模式与当前业务形式结合的看法。

1. Postman+Newman 组合

Postman+Newman 的组合是 Google 推出的一款非常流行的 API 调试工具,按照格式填写便可发送请求进行调试。对于在开发过程中调试接口,Postman 确实足够简单和方便,可以很便捷地发起任意类型的 HTTP 请求,而不需要编写任何代码,只需要在界面上进行简单的操作即可。此外,Postman 也支持用例管理、变量管理、文件上传、环境参数管理等功能,Jenkins 可以通过 Newman 命令执行 Postman 集合的测试,以实现 Postman 用例的集中持续集成。

该组合虽然功能强大,但其缺点也是非常明显的,具体说明如下。

- ❑ 维护成本高,对于发生变动的字段每次都需要手动修改,如上方的 cURL 请求中的 token 字段就具有时效性,为避免过期,每次都要重新获取 token。
- ❑ 对于一些复杂的系统,各个接口之间相互依赖,交互关系非常复杂,单纯通过 Postman 设置环境变量进行变量之间的传递,维护成本高,而且出现问题后难以排查。

2. JMeter 组合

大家一般使用 JMeter 做性能测试,但是也有一些团队用 Jemeter 做接口测试。例如,Java+Jmeter+Ant+Jenkins 组合方案,该组合基本上可以解决大部分场景的接口自动化问题。如图 6-5 所示的是 Jmeter 的简单用法示例。一些复杂的参数,除了编写 Beanshell 脚本之外,还可以利用扩展插件,比如获取服务端 token(token 是服务端生成的一串字符串,可以作为客户端请求的一个令牌),我们可以直接编写一个插件,然后放入到扩展插件目录中使用即可。

从基本的测试角度来说,JMeter 组合似乎不存在什么问题,但是随着接口量的增加,用例的维护成本居高不下,代码冗余度不断增加,此时用例之间的交互方式需要进行抽象分层,数据与用例相分离、环境复杂,多个环境之间需要切换且对应的数据也不相同,针对不同协议的请求均需要进行封装,等等。针对当前业务而言,该组合模式与直接编写代码相比,已经不再是最优的解决方案了。

图 6-5　JMeter 简单用法示例

6.3　测试框架的演进与分析

从上述常见工具的对比中我们可以发现,针对企业订餐业务,最有效的解决方案是构建一套符合自己团队的测试框架。

那么框架是什么?在搭建框架之前,我们需要了解哪些内容才能够搭建出符合自己业务的框架?在搭建框架之前,使用框架依葫芦画瓢般地简单编写测试代码是远远不够的,我们必须要知道框架是什么,所采用的思想是什么,测试框架应该具备哪些特点,以及它可以解决什么问题。

6.3.1　什么是框架

什么是框架?《设计模式》一书中是这样定义框架的:框架由一类特定可复用的、相互协作的组件构成。可以简单地将框架理解为,为解决某些特定问题而实现的解决方案,同时还包含由一些解决问题的组件(可复用的类)和工具构成的应用骨架。

大家不要觉得搭建框架高不可攀,因为暂时不会搭建而直接放弃,其实只要想清楚搭建框架的目的是解决什么问题,问题也就可以迎刃而解了。

首先，我们要清晰地认识到搭建这个框架是为了解决什么问题，做了哪些事情，比如测试框架，如果按照定义，我们可以回想下测试框架中特定的问题是什么问题，回到手工测试的场景，我们的大脑是如何判断和识别测试用例以及如何管理用例、运行用例，并且根据运行的结果做出正确的判断，最后收集报告的信息等。如果将这些事情换成由框架来完成，又该如何实现呢？

6.3.2 测试框架思想的变迁

在很多人的印象里，自动化测试框架就是一个能够进行自动化测试的程序。同时，其也是思想和方法的集合。如果你接触过自动化测试，那么你应该对模块化思想、库思想、数据驱动思想、关键字驱动思想等都比较熟悉，如图6-6所示的是自动化测试所经历的经典时代。

图6-6　自动化测试所经历的经典时代

这几个时代不断演进的背后依托的是测试思想的发展和成熟。自动化思想在录制/回放时代基本上还是线性思维，整个测试脚本都是基于业务流水的方式进行构建的。自动化测试思想从硬编码时代才开始不断演进。

1. 模块化思想

笔者认为，模块化思想是从软件研发中借鉴过来的。模块化思想是指将一个测试用例拆分成几个不同的测试点，并且封装单个点的测试步骤，以形成一个模块。例如，假设一个测试用例要对一个登录程序进行测试，其中就包括用户名输入模块、密码输入模块、确定登录模块以及取消登录模块。

可以将用户名输入、密码输入、确定登录、取消登录四个操作分别进行封装，测试时只需要调用相应模块即可。当一个模块发生变化时，你只需要单独维护该模块即可，也可以根据模块的不同组合生成不同的测试用例。模块封装的具体实现如代码清单6-4所示。

代码清单 6-4　模块封装

```
#输入用户名
def type_username(self,username):
    find_type,value=self.get_type_locator(self.username)
     self.according_type_find_element(self.driver,find_type,value).send_
        keys(username)
#输入企业用户名
def type_company_username(self,username):
    find_type,value =self.get_type_locator(self.nameAdmin)
        self.according_type_find_element(self.driver,find_type,value).send_
            keys(username)
#输入密码
def type_password(self,password):
    find_type, value =self.get_type_locator(self.password)
    self.according_type_find_element(self.driver, str(find_type), str(value)).
        send_keys(password)
```

2. 测试库思想

测试库思想可以看作是模块化思想的升华，其为应用程序的测试创造了库文件（可以是 APIs、DLLs 等），这些库文件是一系列函数的集合。其与模块化思想的不同之处是，其拓展了接口思想，即可以通过接口传递参数，而不是一个封死的模块，可以将其看作是多了一个"门"的交互型模块。例如，还是前面的测试用例，只是将用户名输入、密码输入、确定登录、取消登录四个模块封装成了一个库，这个库包含一个函数 Login_company，这个函数接收两个参数，即用户名和密码，输入不同的用户名和密码，可以进行不同的用例测试。具体的使用效果如代码清单 6-5 所示。

代码清单 6-5　封装后登录实例

```
def test_login(self):
    """企业登录测试"""
    p=loginPageObject(self.driver, '','login')
    p.login_company_ganggang('13611773821','123456')
    text=p.get_logout_value()
    if isinstance(text,unicode):
        self.assertEqual(text.encode("utf-8"),"退出")
    else:
        self.assertEqual(text, "退出")
```

3. 数据驱动思想

数据驱动思想给人留下的最深刻印象是用 Excel 表读取不同的数据，怎么存储并不重要,关键是要能够将数据驱动思想很好地应用到框架中。笔者对数据驱动思想的理解就是变量不变,以数据驱动结果,不同的数据将产生不同的结果。而数据的导入,则可以通过很多种方式来实现,例如,Excel 表、XML(用在 Web 中)、数据库(DB)、CSV 文件、TXT 等都可以。具体实现如代码清单 6-6 所示。

代码清单 6-6　ini 配置

```
# -*- coding:utf-8 -*-
本示例主要实现定位方式与定位元素的分离,此方法有利于对后期的频繁变更进行维护。
[login]
username=xpath>//input[@placeholder="请输入手机号"]
passw=xpath>//input[@placeholder="密码"]
submit=css>logBtn
company_login_li=xpath>//*[@id="myform"]/div[3]/div/div/ul/li[2]
company_login_username=css>useradmin
company_login_password=css>passAdmin
index_logout=id>btnLogOut

[index]
spot_goods=xpath>//input[@value="去下单"]
apply_tikcet=css>sqspd
mycenter=link_text>个人中心
```

4. 关键字思想

笔者曾经思考过关键字思想与面向对象的关系,以及与交互模块化思想的区别。笔者认为,关键字驱动其实就是一种面向对象的思想,例如,在 RFT 中,对象可以是一个数据或者一个关键字,抓取对象时,可以将测试对象封装为一个关键字(比如,代码清单 6-7 所示的关键字查询活动封装实例中,将查询活动的功能封装成了一个关键字 post_Queryparty),这样,就可以对关键对象进行各种操作了,不同的对象可以驱动不同的测试流向与结果。

代码清单 6-7　关键字查询活动封装实例

```
post_Queryparty
    [Arguments]    ${party_json}    ${exepct_msg}    ${exepct_result}
    Create Session    httpbin    http://localhost:8080/api/party
    ${headers}=    Create Dictionary    Content-Type    application/json
    ${resp}=    post request    httpbin    /    data=${party_json}
        headers=${headers}
    Should Be Equal As Strings    ${resp.status_code}    200
```

```
log         ${resp.content}
${jsondata}     to json        ${resp.content}     true
${result}       get json value     ${jsondata}     /result
${msg}          get json value     ${jsondata}     /msg
${party_id}     run keyword if     ${result}==0    get json value
    ${jsondata}     /party/Id
should be equal     ${msg}         ${exepct_msg}
should be equal     ${result}      ${exepct_result}
[Return]        ${party_id}
```

简单的应用方式可以用一个 Excel 表来撰写测试脚本，里面包括"对象类型""对象名称""对象操作名称""判断方式""预期结果"等。这样就可以通过导入不同的对象类型和名称、不同的对象操作来构建一个测试用例表了。

5. 基于用户行为的 BDD 思想

在测试领域，BDD（Behaviour Driven Development，行为驱动开发）思想是指站在用户的角度，像编写故事一样编写测试脚本，使测试代码易读、易维护。如代码清单 6-8 所示的就是以一个用户的视角来编写的代码，其假设有一个名为 Robot 的客户在 Jack 的店里下单消费。

代码清单 6-8　BDD 场景代码

```
def test_confirm_order():
    """
    商户接单流程：下单
    """
    jack = Merchant.named(name="jack")
    robot = Customer.named(name="robot")

    givenThat(robot).has(create_order.at(Shop.of(jack)))
    order_id = str(robot.sawAsThe("order_id"))

    thenThat(jack).should(
        seeThat(order_unprocessed_list.pulled(), is_(has_item(order_id))),
        seeThat(order_unprocessed_list.displayed(), has_item(order_id))
    )
```

6.3.3　测试框架的特点

通过搜索我们可以发现，市面上已有大量的框架解决方案，除了依样借鉴之外，我们在此分析一下为什么要这样组合，以便从中了解框架是如何组成的，及其包含了哪些要素。

1. Python 语言常见的框架

Python 语言常见的框架是 Jenkins +Python+(UnitTest/Pytest)+Requests+(HTMLTestRunner/Allure)，此框架在 Python 语言的基础上引入了测试执行框架 UnitTest/Pytest 来识别用例、管理用例、运行用例，Requests 是一个 Python 的 HTTP 客户端库。HTMLTest-Runner/Allure 是负责收集测试报告的包与框架。在这里，Jenkins 的主要作用是让测试脚本可以快速地构建，从而提升测试效率。

2. Java 语言常见的框架

Java 语言常见的框架是 Jenkins+Java+Maven+（JUnit/TestNG）+（HttpClient/Rest-Assured）+ExtentReport/Allure，此框架在 Java 语言的基础上引入了 JUnit/TestNG、测试管理执行框架以及 Maven 进行依赖包管理，有些公司使用的是 Gradle，它们都是自动化项目构建工具。有兴趣的读者可以自行搜索相关资料以进行深入学习。

HttpClient/Rest-Assured 是 Java 针对请求发送的类库，Allure/ExtentReport 用于收集测试报告，持续集成则是通过 Jenkins 来构建。

从上面介绍的两个框架中，我们不难总结出测试框架的基本组成规律：测试框架 = 测试执行框架 + 请求类包 + 报告框架 + 集成工具 + 其他工具（比如 Maven、JSONPath、POI 等），根据具体的需要结合而成。

6.4 测试框架搭建

随着业务复杂度的不断增加，以及 SOA 应用的普及，API 测试不再只涉及单个接口，而且接口与接口之间的依赖关系也会越来越复杂，甚至存在完成一个业务功能需要连续调用多个 API 的情况，再加上接口数据的准备、服务对象行为的 Mock，以及多套执行环境、多套配置、多套数据等因素的影响，早期的 Postman 工具或 Curl 已经不再是我们提升效率的最优解了。

6.4.1 常见的框架结构设计

接口测试的经典三部曲具体如下。

1）准备测试数据。

2）建立连接发送请求。

3）解析返回结果并进行断言，比对实际结果与预期结果是否一致。

随着测试环境和各类配置项的增多，数据的复杂性也越来越高，业界的通常做法是采用数据分离和面向对象的设计模式，如图6-7所示的框架结构是我们常见的一个结构图。

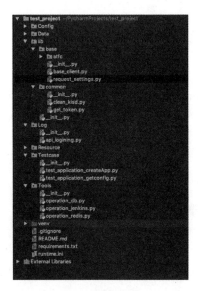

图 6-7　框架结构

下面为大家详细介绍框架的每一层的含义。

```
|--Config #存放配置文件，比如DB、Jenkins、Redis等的配置
|--Data #存放测试数据，比如商品的结构体数据
    |--lib #基础方法
    |---- common #公共方法，比如获取token、清除ID等业务类的公共方法
        |---- base #基础请求的封装
|--Log #请求日志的封装
|--Resource #测试资源，比如图像、文件等
|--Testcase #主要是测试用例的管理
|--Tools #工具层，主要是指操作DB、Redis读写，Jenkins操作等
|--report #测试报告目录
```

6.4.2 框架的升级改造方案

对于企业订餐的实际业务场景,图 6-7 所示的框架只解决了基础的问题,随着业务变得越来越复杂,大量地测试单个接口时会存在依赖调用的问题,比如,一个很常见的测试案例中包括这样两个小场景:

场景 1)在订单完结前成功取消订单;

场景 2)订单完结之后订单取消成功。

想要测试取消订单的案例,首先需要创建一个订单,商家接单之后,才可以进行取消订单的操作。在传统的面向对象编程模式的基础上,需要不断地重复编写创建订单的函数,代码相对比较冗余。而且随着覆盖范围的增加,接口的用例数量可能会有数千条之多,维护起来非常困难,测试数据类型又多种多样,面对这种情况,应该如何对数据进行管理呢?不同环境之间的切换又该如何处理呢?图 6-7 所示的框架只支持 HTTP 请求,对于其他类型(比如,SOA、Thrift、NCP 类型)的请求则需要扩展支持。

如图 6-8 所示的是框架升级策略。

图 6-8 框架升级策略

接下来,我们就从图 6-8 所示的这四个方面来升级框架,具体如下。

- **框架分层解耦**:基于业务进行高度抽象,用例通过流程进行组合,实现解耦。
- **数据分类处理**:基于业务分析业务数据类型,对于不同的场景,分开进行处理。
- **多协议的封装**:基于 HTTP、SOA 等请求的特点封装高可用的发射请求组件,解析返回的灵活性比较高。
- **多环境的处理**:对多套测试环境的配置。比如:请求地址、数据库配置以及对程序的逻辑处理等,不同环境的处理方式不同,所对应的测试框架也需要进行兼容性处理。

6.4.3　框架的分层解耦

自动化测试思想从模块化思想演变为数据驱动，再到最后的 BDD、DDD（领域驱动设计）模式。该思想的本质是对业务进行抽象，对领域进行建模，通过将复杂的业务化大为小来解决问题。举个例子，如图 6-9 所示的企业订餐业务分析图中，对于企业订餐业务，垂直业务是"外卖、到店、团餐"，它是最后的客户问题的解决方案、实际的场景应用。水平业务是单个业务模块或者领域提供的能力，这三个垂直业务场景可以通过合规中心、购物车、下单这三个水平方向的能力进行组合，成为一个具体的业务场景。

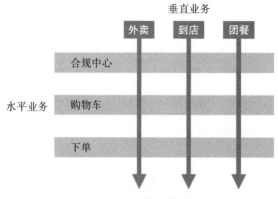

图 6-9　企业订餐业务分析

同理，针对测试用例中的各种场景或业务流程的组装也可以采用此模式，只不过一个是业务逻辑的实现场景，一个是业务逻辑的测试场景。如果我们也按照此模式将水平业务提供的能力进行封装和建模，成为一个个组件，那么我们的垂直业务就是测试业务场景。水平能力就是每个业务领域的服务能力。对域的能力进行组合，不论需求如何变动，我们只需要水平扩展域的能力即可。这样做可以进一步降低用例的维护成本。结合 DDD 理论和框架分层的现状，我们目前使用的分层如图 6-10 所示。

对框架各层的说明具体如下。

（1）公共基础层

该层提供所有基础数据和底层能力，比如协议、配置、环境、脚本等。Protocol 主要是针对各种协议的基础请求的封装；Config 主要用于提供核心配置信息，例如，

Redis 配置、环境切换配置等；Utils 主要用于通用工具存放、DB 访问类封装、Huskar 配置获取等。

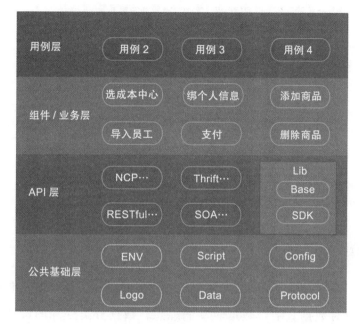

图 6-10　框架分层（见彩图）

（2）API 层

该层为底层调用层。RESTful 用于编写 HTTP 接口类型的代码，SOA 用于编写 RPC 接口类型的代码，以服务组件层的角度保存了各个业务领域接口的底层调用。SDK 主要是开放平台封装好的软件工具包，用于提高开发者的接入效率。

（3）组件/业务层

该层主要是根据业务的原子性，提炼出业务域，再根据业务域划分子域，总结出领域模型，并将模型封装成数个基础组件，再按照业务拼装成原子类型的可执行的业务组件，比如，交易履约领域提供下单、添加购车的基础能力，在这里就封装成了一个原子类型的组件。

（4）用例层

该层主要是针对组件/业务层进行组合和拼装并进行场景用例的实例化。

根据上文所列举的四个分层,我们可以将传统的框架具体转化成如下结构。

```
|--Base #公共基础层,提供所有基础数据及底层能力。
|--Config #提供核心配置信息,例如,Redis配置、环境切换配置等。
|--Log #请求日志的封装。
|--Data #测试数据的存储。
|---- Protocol #基础请求的封装。
|--Tools #工具层。
|--API #接口底层调用。
|--Domain #组件层。
    |---- basis_domain  #基础域。
    |---- finance_domain  #财务域。
    |---- transaction_domain  #交易域。
|-- flow #业务层。
    |----wm #外卖业务。
|----dp #团餐业务。
|----dd #到店业务。
|--TestCase #主要用于对测试用例进行管理。
```

6.4.4 数据分类处理

根据数据的特点来划分,企业订餐业务的数据大致可以分为如下几类:公共数据、隔离数据、运行时数据。结合数据驱动的思想,数据分类处理的设计方案如图 6-11 所示。

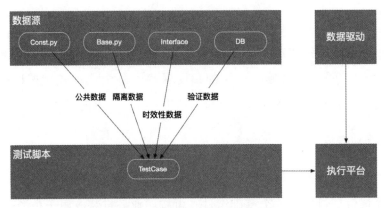

图 6-11 数据分类处理设计方案

1. 公共数据

公共数据是指框架中被大量重复使用且一般不会发生变化的数据,例如,配置信息、运行环境信息和业务常量数据等。公共数据主要存放于公共基类和 Const 类中,并采用统一的方式管理。例如，如代码清单 6-9 所示的地址数据的处理方式示例中，组装用例时引用 Const 类即可。

代码清单 6-9　地址数据的处理方式

```
LOCATION_BEIJING = {
    "longitude": "126.1613",
    "latitude": "88.36784",
    "building": "北京市,北京市,昌平区十三陵双龙山森林公园",
    "addressId": 666,
    "phone": 13812345678,
    "consigneePhone": 18612345678
}
LOCATION_SHANGHAI = {
    "longitude": "166.123249",
    "latitude": "39.239879",
    "building": "上海野生动物园",
    "addressId": 888,
    "consigneePhone": 18612345678
}
```

2. 隔离数据

隔离数据是指单独提供给具体用例或者功能的测试数据，其他用例无法直接使用。测试用例只要继承基类就可以使用基类中的属性和组件，无须重复声明。代码清单 6-10 所示的是隔离后的用例代码示例。

代码清单 6-10　隔离后的用例代码

```
class UserBase(object):
    def setup_class(self):
        # 定义企业ID级文件属性
        self.enterpriseId = "1234567"
        self.file_path = "/Users/lip/***.file"
        # 通过手机号登录企业
        self.login_flows = LoginFlows()
        # 实例化组件
        self.user_flows = UserFlows(self.token)
        self.import_flows = ImportFlows(self.auto_token)
        self.file_path = os.path.abspath(os.path.dirname(__file__))
        #定义通用assert
    def assertSuccess(self, response):
        assert response.get("code") == '200'
```

3. 运行时数据

这里的运行时数据指的是在运行过程中生成的数据。这类数据通常是通过接口调用或者访问 DB 来获取的。

要想获取登录时需要的时效性数据 token，在基类中加入如代码清单 6-11 所示的临时数据代码即可在运行时获得 token 信息。

代码清单 6-11　临时数据代码示例

```
def make_employee_token(self, phone_number):
    params = self.query_userinfo(phone_number)
    if params:
        for i in params:
            token = self.login_with_parameters(i["user_id"], i["name"],
                i["phone_number"], i["enterprise_id"])
    return "STARGATE_ACCESS_TOKEN={}".format(token)
```

6.4.5　多协议的封装

这里所说的接口协议其实是 CS 服务架构的接口定义规则约定，定义和格式都是约定俗成的。大到面向开发者的 Open API 开放平台，比如微博开放平台、饿了么商家开放平台等，小到微服务之间的数据互通、依赖调用以及前后端的接口约定都可以理解为接口协议。

1. 接口协议封装

通常情况下，接口协议的结构屈指可数且一成不变，动态变化的仅仅是 service、method 和 params，因此对接口协议进行通用能力的封装即可大大简化测试用例编写的复杂度。如图 6-12 所示的是接口协议层的调用链路图。

终极请求的组装工作由协议封装层 XxxBaseClient 完成，主要包括如下内容。

- ❏ 协议的请求头和 body 体构造。
- ❏ 加密、解密。
- ❏ 序列化。
- ❏ 环境切换。

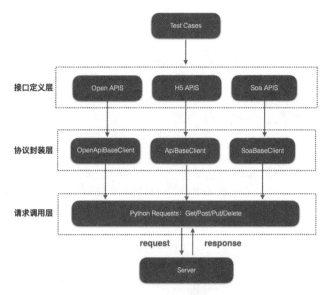

图 6-12　接口协议层调用链路图

此处就不列举示例代码了,根据请求协议的具体内容按照上面的步骤进行改造即可。6.4.6 节在介绍多环境的管理时,也会介绍协议封装中关于环境切换的部分内容,此处不再赘述。

2. 接口定义及调用

代码清单 6-12 展示了接口定义的示例代码。

代码清单 6-12　API 定义示例

```python
class ResEnterpriseUserController(object):
    def __init__(self, token=None):
        self.token = token

    def getUserInfo(self, *args, **kwargs):
        """
        获取用户信息
        :param args:
        :param kwargs:
        :return:
        """
        params = {
        }
        path = "/appapi/enterprise/user/getUserInfo"
        return EnterpriseBaseApi(path=path, pattern="get", token=self.token,
            module=env.ENTERPRISE_EMPLOYEE, params=params).enterprise_call()
```

代码清单 6-13 展示了测试用例调用的示例代码。

代码清单 6-13　测试用例调用示例

```python
class TestEmployeeUserInfo(UserBase):
    def test_getUserInfo(self):
        result = self.enterprise_user_flows.get_user_info()
        api_logger.info("result is {}".format(result))
        assert result.get("data")['id'] == 577537
        assert str(self.enterpriseId) in str(result.get("data")
            ['enterpriseInfos'])
        assert result.get("data").get("allowanceText") is not None
```

6.4.6　多环境的处理

饿了么产研环境一直都处于持续演进的状态之中，模拟生产环境和适应基础设施，造就了"善变"的测试环境。如图 6-13 所示的是数据工厂的变迁。

图 6-13　数据工厂的变迁

表 6-3 所列举的是各个环境的使用场景，从中我们可以得知各个环境与代码的分支信息。

表 6-3　各个环境的使用场景和代码分支

序号	环境	使用场景	代码分支	备注
1	Alpha	开发自测	研发私有分支	
2	Alta	外部使用环境	DEV	QA 人员测试使用
3	Altb	QA 日常测试	master/DEV	在 Alta 无法满足环境使用需求的情况下可以使用
4	Altc	日常回归，外部联调	test-altc/master	1）最稳定的分支，QA 人员用来进行日常的自动化回归 2）对外提供服务分支
5	PPE	线上流量灰度 / 集团联调环境	test-altc/master	与生产环境共享资源，受发布窗口限制，发布前回归分支
6	Prod	生产环境	master	遵循生产 SOP（Standard Operating Procedure，标准作业程序）

1. 发布流

如图 6-14 所示的是发布流的示意图。

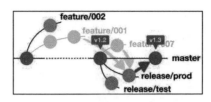

图 6-14 发布流

通常情况下，release/test 对应 3 个分支（test-alta/test-altb/test-altc），test-alta/test-altb 表示所有已提交的测试在 Alta/Altb 环境分支中的集合，test-altc 表示上线前回归阶段的分支集合。

2. 框架环境管理

框架环境管理主要用于解决如下的几个问题。

- 动态读取测试用例依赖的测试数据。
- API 层域名访问控制。
- SOA 层集群读取依赖环境。
- 中间件 DB、Redis、ES 等联接访问。

根本原因：测试环境隔离导致测试数据隔离。

环境控制的原则具体如下。

- 全局控制，一键切换。
- 可维护性和扩展性强，可以应对不断演进的环境变化。

为了达到以上效果，我们设计了如图 6-15 所示的环境控制流。

需要注意的是，一切数据的获取都必须预先访问并获取 ENV 环境变量。同时，环境变量是由全局统一控制的。

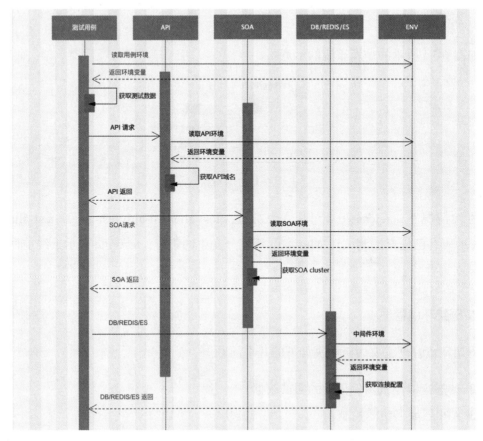

图 6-15　环境控制流

3. 框架实现

在框架的根目录下，添加全局环境控制文件 runtime_config.ini，文件内容如代码清单 6-14 所示。

代码清单 6-14　配置文件

```
[environment]
env = prod
ent_port = 8090
```

在代码清单 6-14 中，env 对应的环境就是当前设置的环境，ent_port 表示数据工厂服务设置的端口代码实现。下面以 API 层的实现为例进行说明（SOA 和中间件与之同理），如图 6-16 所示的是 API 的实现逻辑设计图示。

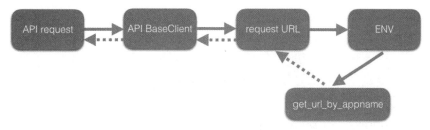

图 6-16 API 的实现逻辑设计

代码清单 6-15 所示的是 API 定义的示例代码。

代码清单 6-15　API 定义示例

```python
class ResArrivalBaseInfoController(object):
    def __init__(self, token=None):
        self.token = token
    def get_city_list(self):
        """
        获取城市列表
        :return:
        """
        params = {}
        path = "/appapi/arrival/baseInfo/getCityList"
        return EnterpriseBaseApi(path=path, pattern="get", token=self.token,
            module=env.ENTERPRISE_EMPLOYEE,params=params).enterprise_call()
```

这里最关键的是 module=env.ENTERPRISE_EMPLOYEE，该语句用于获取 API 对应应用的域名，下面再来看一下代码清单 6-16，如何优雅地实现环境域名的获取。

代码清单 6-16　环境域名获取

```python
class EnterpriseBaseApi:
    def __init__(self, module, pattern, path, params, token, **kwargs):
        self.header = {'Content-Type': 'application/json'}
        self.module = module
        self.pattern = pattern
        self.path = path
        self.params = params
        self.token = token
        for key in kwargs:
            self.params.update({key: kwargs[key]})
    def build_url(self):
        """
        获取环境配置拼接URL
        :return:
        """
        return urljoin(target_env.get_uri_by_appname(self.module), self.path)
```

API Request 最终请求的 URL 来自于 build_url() 函数构造，下面我们来看一下代码清单 6-17 如何构造 URL。

代码清单 6-17　构造 URL

```
def get_uri_by_appname(self, app_name):
    if self.profile in PRODUCT_PROFILES:
        return get_host_info(app_name)['uri']["prod"]
    else:
        return get_host_info(app_name)['uri'][self.profile]
```

最终从返回结构体中获取的 uri 字段的值就是 API 最终访问的域名，代码清单 6-18 展示了 HOST 读取的代码。

代码清单 6-18　HOST 读取代码

```
def get_host_info(app_name):
    return HOSTS[app_name]
```

由此，API 环境访问控制已完成，当全局切换 runtime_config.ini 中 env 字段的值时，对应的 API 将请求访问对应的测试环境。

后续无论测试环境如何演变，只需要维护和扩展 HOST 字典即可，API 层无须改动。同理，SOA、DB 的实现与之类似，只要 SOA、DB 的 BaseClient 请求根据不同的环境读取不同配置即可！

6.5　测试框架结果自动对比验证

QA 人员在编写自动化测试用例时，一般会根据当前的用例场景按需进行断言。比如，P0 级别的测试用例更关注核心链路的连通性，而 P1、P2 级别的测试用例则更贴近业务细节，因此断言的关注点和精准度不尽相同。那么，有没有一种解决方案能够自动识别并对比所有的用例数据，从而对人工断言的遗漏点进行补充呢？

企业订餐交易链路从调用主站 OpenAPI 切换为调用交易中台，需要对后端技术进行改造，比如，添加购物车和下单链路时，要切换至专门的交易侧接口，因此需要进行企业订餐 OpenAPI 相关交易链路的回归测试。之前的导购交易链路切换存在一些问题，这次的技术改造与后端开发人员达成了一致意见，需要对新老链路的数据进行全量对比，以保证万无一失。

6.5.1 验收结果思路对比

根据自动化测试的特点，我们决定在每次运行自动化测试用例的时候，都要进行过程数据存储，通过对比引擎对全过程的历史数据进行对比验证。这样做可以避免原有的自动化用例流程和性能受到影响，而且不会显得臃肿，对测试结果验证对比并进行分离，同时提供专门的验证对比报告页面。

1. 框架工具扩展

框架工具扩展的思路：框架在每次运行自动化测试用例的时候，都会通过 Pytest 提供的钩子函数进行扩展，对运行通过的用例过程数据进行存储，每次运行测试用例时，都会对历史用例过程数据进行对比。

框架工具对比的具体设计原理如图 6-17 所示。

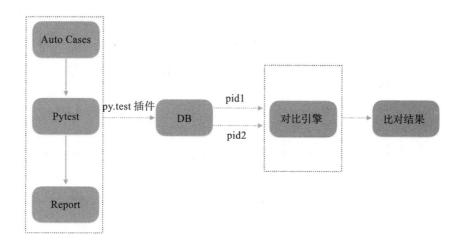

图 6-17　对比工具原理

- Pytest 插件：同步每一次运行的测试用例产生的过程数据和测试结果。
- pid1/pid2：标记最小化测试用例维度的唯一运行 id。
- 对比引擎：基于 pid1/pid2 的过程数据进行全局的测试数据对比。
- 比对结果：对比结论以及输出的异常点。

2. 对比策略

对比时，只记录运行通过的测试用例过程数据，若运行失败，则数据默认无效。

对过程数据的请求体进行差异化验证比对，策略如下。

- ❏ 请求体一致：进行全数据对比，精确到字段的值。
- ❏ 请求体不一致：进行全字段对比，忽略字段值的差异。

测试报告可进行自动对比，每次运行完测试用例之后，需要访问对比工具报告页面，默认可查询最近运行的测试用例数据，并与历史运行的 10 条测试用例数据进行对比，可查看和对比通过或失败的数据详情。

如图 6-18 所示的是测试用例对比效果图。

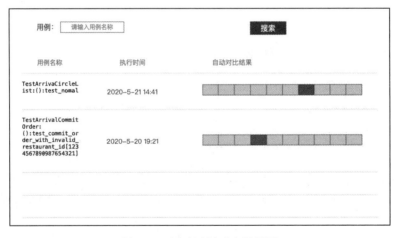

图 6-18　测试用例对比效果图

6.5.2　hook 函数扩展

本节将讲解 Pytest hook 函数的扩展，这里使用的是在 conftest.py 文件中撰写的钩子函数，如代码清单 6-19 所示，当用例运行通过时，记录测试数据，将数据存储至数据库中。需要注意的是，Pytest 框架在执行测试用例的时候，共分为三个阶段，即 setup、call、teardown，其中，默认 setup 阶段和 teardown 阶段执行的 result 都是默认初始化的 passed，只有 call 阶段反应的才是测试用例真实的执行结果。

代码清单 6-19　测试用例数据拦截处理

```python
@pytest.hookimpl(tryfirst=True, hookwrapper=True)
def pytest_runtest_makereport(item, call):
    outcome = yield
    result = outcome.get_result()
    if result.when == "call" and result.passed:
        from server.comparison.data.case_info import push_case_info, insert_
            case_info
        push_case_info(nodeid=result.nodeid, path=result.fspath)
        insert_case_info()
```

6.5.3　数据库设计

测试用例运行过程数据主要是指所有自动化测试用例请求体的数据，为了便于对比、追溯和复现，需要存储以下数据：自动化用例 nodeid（可精确到测试方法和参数级别）、请求的 URL、运行环境、用例的路径、请求的 request_id、请求体、cURL、Response（对比的数据源）等。代码清单 6-20 所示的是创建表的 SQL 代码。

代码清单 6-20　数据库设计 SQL 代码

```sql
CREATE TABLE `case_run_info` (
    `id` bigint(20) NOT NULL AUTO_INCREMENT COMMENT '主键',
    `nodeid` varchar(400) NOT NULL DEFAULT '' COMMENT '自动化用例ID',
    `url` varchar(200) NOT NULL DEFAULT '' COMMENT '请求url/soa接口method',
    `env` varchar(10) NOT NULL DEFAULT 'alta' COMMENT '运行环境',
    `path` varchar(200) NOT NULL DEFAULT '' COMMENT '用例路径',
    `request_id` varchar(50) NOT NULL DEFAULT '' COMMENT '请求id',
    `request` text COMMENT '请求体',
    `curl` text COMMENT 'curl',
    `response` text COMMENT '请求返回',
    `remark` varchar(100) NOT NULL DEFAULT '' COMMENT '备注',
    `created_at` datetime NOT NULL DEFAULT CURRENT_TIMESTAMP COMMENT '记录创建时间',
    `updated_at` datetime NOT NULL DEFAULT CURRENT_TIMESTAMP ON UPDATE CURRENT_
        TIMESTAMP COMMENT '记录更新时间',
    PRIMARY KEY (`id`),
    KEY `ix_request_id` (`request_id`),
    KEY `ix_url` (`url`),
    KEY `ix_nodeid` (`nodeid`),
    KEY `ix_updated_at` (`updated_at`),
    KEY `ix_created_at` (`created_at`),
) COMMENT='自动化用例过程数据表';
```

如表 6-4 所示的是数据库设计字段解析。

表 6-4 数据库设计字段解析

字段名称	释义
id	自增 ID，主键
nodeid	测试用例 ID，记录用例方法及参数级别的用例 ID，方便后续筛选历史数据
url	请求的 API 的 URL 路径，用于筛选用例以保证对比场景的一致性
env	测试用例的执行环境，环境区分
path	测试用例的相对路径
request_id	请求 ID，便于后续进行问题排查
request	请求体参数，对比策略选择依据
curl	请求的 cURL，方便问题复现
response	请求的结果，数据对比的主体
remark	预留字段
created_at	执行时间
updated_at	更新时间

6.5.4 对比引擎设计

遍历测试数据和历史数据，获取所有的 key 值和 value 值不同的数据，并记录类似于 JSONPath 的路径，然后根据对比策略对返回结果进行过滤，具体实现如代码清单 6-21 所示。

代码清单 6-21 对比引擎实现代码

```python
def cmp(test_data, old_data, path="", path_list=None):
    """
    对比引擎
    :param test_data:
    :param old_data:
    :param path:
    :param path_list:
    :return:
    """
    if isinstance(test_data, dict):
        for key in old_data:
            if key not in test_data:
                """深度复制，防止原始数据被篡改"""
                path1 = copy.deepcopy(path)
                path1 = path1 + "." + key
                """少于原始数据，路径保存"""
                path_list["less"].append(path1)
        for key in test_data:
            path1 = copy.deepcopy(path)
```

```python
                    path1 = path1 + "." + key
                    if key in old_data:
                        if test_data[key] == old_data[key]:
                            pass
                        else:
                            cmp(test_data[key], old_data[key], path=path1, path_
                                list=path_list)
                    else:
                        """多于原始数据,路径保存"""
                        path_list["more"].append(path1)
        elif isinstance(test_data, (list, tuple)):
            if len(test_data) != len(old_data):
                print("list len: '{}' != '{}'".format(len(test_data), len(old_data)))
            if len(test_data) > len(old_data):
                for j in range(0, len(test_data)):
                    if str(test_data[j]) not in [str(i) for i in old_data]:
                        path1 = copy.deepcopy(path)
                        path1 = path1 + "[{}]".format(j)
                        path_list["more"].append(path1)
            elif len(test_data) < len(old_data):
                for j in range(0, len(old_data)):
                    if str(old_data[j]) not in [str(i) for i in test_data]:
                        path1 = copy.deepcopy(path)
                        path1 = path1 + "[{}]".format(j)
                        path_list["less"].append(path1)
            else:
                list2 = list(zip(test_data, old_data))
                for i in range(0, len(list2)):
                    path1 = copy.deepcopy(path)
                    path1 = path1 + "[{}]".format(i)
                    cmp(list2[i][0], list2[i][1], path1, path_list)
        else:
            if test_data != old_data:
                """字段value值不同,路径保存"""
                path_list["difference"].append(path)
    def filter_by_url(test_url, old_url):
        """
        URL 校验接口
        :param test_url:
        :param old_url:
        :return:
        """
        return True if test_url == old_url else False
    def filter_by_body(test_body, old_body):
        """
        Body 校验接口
        :param test_body:
        :param old_body:
        :return:
        """
        return True if test_body == old_body else False
```

```python
def filter_by_env(test_env, old_env):
    """
    ENV 校验接口
    :param test_env:
    :param old_env:
    :return:
    """
    return True if test_env == old_env else False
```

cmp 方法主要用于数据对比，其会遍历出所有不同的数据。接下来的 filter 方法主要用于前置对比策略的条件判断，当所有的 filter 都一致时，会进行全数据比对验证，否则进行全字段匹配，后续只要进行接口组装，开放 API 和前端交互即可。

自动对比验证是对现有自动化测试体系的完美补充，能够及时预警可能出现的风险和问题，比如字段丢失、字段值错误等。目前，自动对比验证基于 Pytest 框架记录原始数据，然后在对比工具页面触发自动对比验证。正因为对比工具通过数据库存储数据，所以对比工具不强依赖测试框架，具有工具通用性。只要数据存储到对应的数据库，就可以通过对比引擎进行数据对比验证。

6.6　API 覆盖率统计

测试评估贯穿于整个软件测试过程，既可以在测试的任何阶段结束之前进行，也可以在测试过程中的某一个时间点进行，目的只有一个，提高测试覆盖率，保证软件质量。测试覆盖率的统计是业界针对测试完整性进行的度量手段之一，是测试技术中的一个有效度量。测试评估可以通过覆盖率来检测测试是否充分，不仅能够分析出测试中存在的不足之处，还可以有效地帮助我们提高测试用例的质量。

6.6.1　覆盖率介绍

测试覆盖率统计可以分为三大类：白盒覆盖率、灰盒覆盖率、黑盒覆盖率。

（1）白盒覆盖率

白盒覆盖率即代码覆盖率，通常使用 Jacoco 代码插桩的方式进行代码统计，包含语句覆盖、逻辑覆盖、判定覆盖等。

(2)灰盒覆盖率

灰盒覆盖率主要是指接口覆盖率,即通过设计的用例使系统中的每个接口都能得到测试。接口覆盖率=(至少被执行一次的接口数量)/(系统中接口的总数)。

(3)黑盒覆盖率

黑盒覆盖率主要是指功能需求覆盖率,表示在测试中有哪些功能需求被测试到了,其被测试到的机率有多大,被测试到的功能在所有功能系统中所占的比例为多少。

测试覆盖率常见的计算方式为:需求覆盖率=(被验证到的需求数量)/(总的需求总数)。

6.6.2 覆盖统计的思考

代码覆盖率是一个相对的概念,是不是代码覆盖率达到100%就意味着质量完全没有问题了呢?答案显然是不一定的,因此我们在设计代码覆盖率的时候需要考虑代码测试的收益点。尤其是对于我们这种初创团队,不能为了提高代码覆盖率而盲目投入,要清楚地知道团队当前的核心问题是什么?我们应该选择什么?表6-5对覆盖率进行了分析。

表6-5 覆盖率的分析

种类名称	度量的维度	特点分析	结论
代码覆盖率	代码的行数和逻辑	・成本高,需求任务迭代繁重。 ・度量太细,任务太重,ROI(投资回报率)太低	不推荐
接口覆盖率	接口	可以统计到已覆盖了哪些接口,度量粗细适中,符合当前业务发展的特点	推荐
需求覆盖率	需求	度量很粗,仅适合黑盒测试	不推荐

6.6.3 接口覆盖率统计实战

断地进行测试覆盖度评估或测试覆盖率计算,及时掌握测试的实际状况与测试覆盖度目标的差距,及时采取措施,就可以提高测试的覆盖度。那么,接口的覆盖率又是如何度量的呢?

1. 接口覆盖率统计原理

一般情况下，接口的覆盖率公式具体如下。

覆盖率公式=（至少被执行一次的接口方法数量）/（系统中接口方法的全部数量）。那么，接下来就需要解决如下问题了。

- 如何获取分母和分子的数据（数据源从哪里来？）
- 通过什么方式获取数据源？

如图 6-19 所示的是接口覆盖率统计实现原理图。

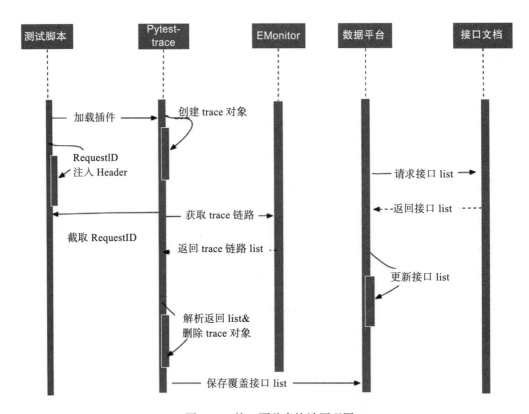

图 6-19　接口覆盖率统计原理图

2. 分子数据源的获取

我们需要统计测试覆盖了多少个接口，如果是人工测试，那么我们能够非常清楚地知道覆盖了哪些接口。如果是系统自动化测试，那么如何自动地获取这条测试用例覆盖了哪些接口呢？

（1）结合日志告警系统获取覆盖的接口

这里我们主要采用饿了么自主研发的监控系统 EMonitor，EMonitor 是一款服务于饿了么所有技术部门的一站式监控系统，覆盖了系统监控、容器监控、网络监控、中间件监控、业务监控、接入层监控以及前端监控的数据存储与查询。只需要传入对应的请求 ID，即可通过监控系统 EMonitor 获得具体的测试用例执行链路，从而获取到具体覆盖的 service 和 method。如图 6-20 所示的是接口覆盖率统计原理图。

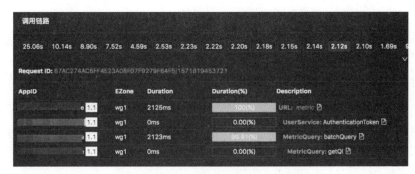

图 6-20　接口覆盖率统计原理图

（2）生成 RequestID

RequestID 作为每次请求的唯一标识，要求每次请求均不相同，在测试框架中生成"32 位随机数 + 时间"可以充分保证其唯一性。这里我们利用 uuid 来生成 RequestID，具体实现如代码清单 6-22 所示。

代码清单 6-22　生成 RequestID 代码

```
def get_uuid(self):
try:
    new_uuid = str(uuid.uuid4()).replace("-", "")
    if len(new_uuid) > 32:
        new_uuid = new_uuid[0:32]
    return new_uuid.upper()
except:
    return "00112233445566778899AABBCCDDEEFF"
def get_request_id(self):
    millis = str(int(round(time.time() * 1000)))
    return self.get_uuid() + "|" + millis
```

（3）扩展 py.test 插件与 EMonitor 通信

扩展 py.test 插件，在插件中运行时截取 RequestID，与 EMonitor 建立联系，通过解析器解析返回的对象，并从返回数据中获取接口类型和方法，进而完成已经覆盖的接口信息的统计（即分子的统计）。

如代码清单 6-23 所示的是 py.test 插件的缩略示例代码。

代码清单 6-23　py.test 插件缩略示例代码

```python
@pytest.hookimpl(tryfirst=True, hookwrapper=True)
def pytest_runtest_makereport(item, call):
    """优先采用钩子方法,返回测试结果"""
    outcome = yield
    rep = outcome.get_result()
@pytest.fixture(scope="function", autouse=True)
def  function_setup():
"""声明此插件的适用范围"""
    pass
    yield "hello"
def pytest_runtest_setup(item):
    """创建trace 对象"""
def pytest_collection_modifyitems(config, items):
    # 在收集完测试用例后执行
    #config: pytest配置对象，items是指收集的测试用例
    pass
def pytest_runtest_teardown(item):
    //删除trace 对象，RequestId 对象
    pass
def pytest_report_teststatus(report):
    """请求trace 对象，解析返回List"""
     pass
```

3. 分母数据源的获取

从文档系统中获取数据源非常简单，当开发人员向 GitLab 代码仓库中更新代码时，触发 CiRunner 即可拉取最新代码。在接口文档中更新最新的代码，我们只需要在接口文档中定时拉取文档系统的接口，将获取到的接口信息存储到数据库中即可。

接口覆盖率并没有代码覆盖率精准，很多接口虽然覆盖到了，但是内在的逻辑并没有完全覆盖到，不能说它好与不好，只能说这个时期比较适合选择接口覆盖率。等接口覆盖率稳定了，我们再开始尝试代码逻辑覆盖。

仅仅是接口覆盖，在推进的过程中我们已经深感任务量巨大，接口甚多。我们经常会碰到这样的问题：这个服务的接口覆盖率总是上不去，分母（系统中接口方法的全部数量）太大了，所有的接口都必须要覆盖吗？在我们推进接口覆盖的时候，这个问题一直被问到，这里没有固定的答案，大家可以根据模块的优先级和接口的优先级来分批次进行覆盖。如果所涉及的优先级比较低，那么通过标签设置忽略此接口即可，不要为了追求覆盖率而进行覆盖，也不能过量设置标签不进行覆盖。极力推荐大家在刚开始时可以先从接口覆盖率做起，不要一开始就把步子迈得太大，直接进行代码逻辑覆盖。

6.7 本章小结

通过本章大家可以看出框架也并不是那么神秘和高不可攀，本章对 API 的基础知识、框架的基础知识、框架的搭建、框架的结果自动对比、覆盖率统计等都做了淋漓尽致的介绍。框架就是为解决某些特定问题而实现的解决方案，没有要解决的问题就不存在框架，下一章会介绍框架是如何提效的。

第 7 章

自动生成框架代码技术

API 测试从最基础的工具进化为高度抽象、可维护性相对比较高的自动化框架,测试的效率得到了一定程度的提升。但在使用自动化框架时,依然存在测试代码重复度比较高、撰写测试脚本的步骤固定等问题,比如,仅仅是方法名和具体参数不同,其他均相同。那么,我们能否利用一些规则和模板自动生成代码来提高测试效率呢?

阿基米德曾经说过:"给我一个支点,我就能撬起地球。"如果给框架足够多的技术规则、业务规则,框架就可以自动生成相应的测试代码。由此可见,只要掌握目标模型,基于模型设计,就可以生成你想要的代码。本章将主要讲解测试框架本身的特点,以及代码自动生成相关的技术。

7.1 底层框架代码自动生成

在测试敏捷化的道路上,效率的提升无处不在。首先,我们看一下工作的各个流程,你会发现其中有很多可以提升和优化的点。下面列举一个常见的场景示例来说明。

测试人员小张:小李,你发现没有,自动化框架用起来效率好低啊,我都不想写了。自动化框架底层请求的代码封装部分,代码和步骤基本上完全相同,每次都要写。这次新的迭代,一下子增加了 20 个接口,以前只有几个接口的时候还没感觉到,现在量多了，我是真不想写了。

测试人员小李：我也发现了，我每次都是复制，然后改改调用方法和参数，不过量多了，确实很烦。

测试人员小张：能不能开发一个工具让它自动生成，你看代码和步骤基本上相同，我们完全可以将它们模板化，然后对具体发生了变动的代码做变量替换。只要获取到具体的数据，然后对数据进行填充即可。

测试人员小李：为你的想法点赞！这样的话，写底层代码逻辑的时间就可以省去了，今后只需要关注原子层和业务的封装就可以了。

7.1.1 传统自动化框架的痛点

对于上述场景中的痛点，相信测试人员都深有体会。在我们的日常工作中，存在许多令人感到枯燥乏味的重复性工作。特别是在技术部，产品迭代更新快，标准化与定制化并存。如果测试脚本每次都需要手动进行编写，那么我们宝贵的时间和精力就会浪费在诸多技术含量很低的工作中。

如果想要解决此类问题，程序员就需要将精力投入到更具有创造性和能带来更多价值的工作上。

传统自动化框架具体存在哪些痛点呢？

（1）**步骤固定，重复率高**。

撰写测试脚本的步骤基本上可以固定为这样三个动作：建立请求连接、调用接口、验证。我们通常要做的就是复制已有的相关代码，变更一下服务、方法和参数，调用已经封装好的底层请求类型的组件，后面的步骤基本上完全相同，只是涉及的变量和参数个数不同而已。

（2）**接口量大**。

每个 AppId 下均包含几十个服务，每个服务又包含上百个接口。

（3）**效率低，工作乏味**。

每次都是重复进行手动编写，基本上就是复制、粘贴、修改参数，技术含量低。

（4）接口类型不同，请求的步骤不同。

NCP、SOA 接口类型不同，请求调用的底层请求协议的封装也不相同。

7.1.2 代码自动生成的解决方案

上述测试场景可以进行高度抽象和模板化，我们只需要获取相应的数据源并进行解析，格式化后填入相应的模板里即可。

一般来说，在编写接口的测试用例时，需要改动项目中的核心层、逻辑封装层、用例层这三个模块，如图 7-1 所示。

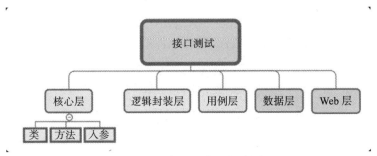

图 7-1　用例编写模块及分层

核心层中编写的测试代码具有高度的重复性，每次改动主要是针对类、方法名及参数。自动生成代码后，可以省去此类底层操作，我们只需要关注逻辑层及用例层。不仅如此，因为机器生成代码一定会遵循一套对应的规则和我们总结下来的最佳实践，所以自动生成出来的代码质量更可控，整体代码风格也趋近于统一，更容易进行管理。

图 7-2 所示的是一个测试框架类方法的定义。

解决思路具体说明如下。

1）**自动获取接口信息**：自动获取接口信息，以及具体请求的 service、method 和参数，从而解决数据源头问题。

2）**建立模板机制**：NCP、SOA 接口类型不同，需要根据不同的类型建立不同的底层代码模板结构。

3）**数据解析器**：获取数据源之后，建立代码数据解析器，将请求里的 servie、

method 按照接口类型与模板进行组合。

4）**建立自动触发机制**：当接口文档发生变更时，自动变更底层代码，无须人工维护。

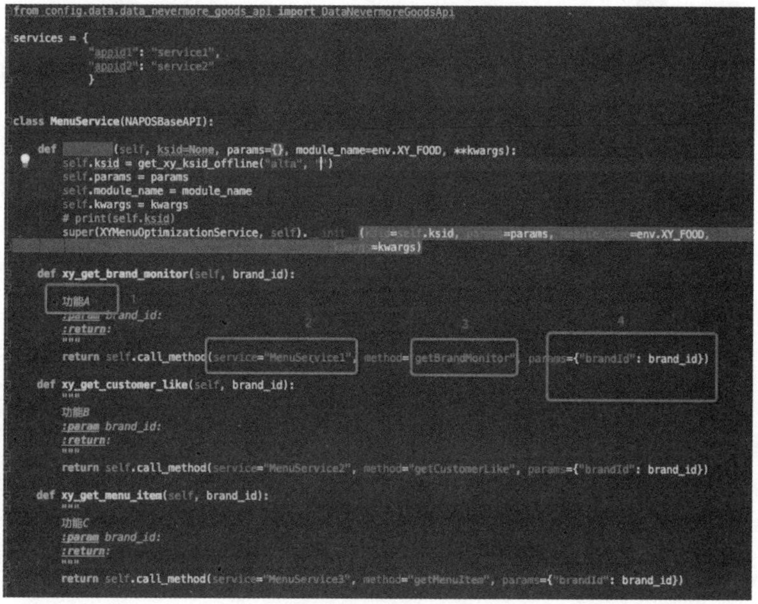

图 7-2　测试框架类方法定义示例

7.1.3　代码自动生成实战

前面讲解了代码自动生成的思路，那么每一步具体应该如何实现呢？

1. 获取数据源

首先，数据究竟是从哪里获取的呢，业界已经提供了可以解决这个问题的开源工具，比如 JavaDOC 和 Swagger 等。

框架中已经存在 SOA、Thrift 等协议，而这些都需要做定制化的解析，如图 7-3 所示。这里我们主要采用从代码库获取代码的方式，然后通过开源的 JavaParser 框架进行二次开发，重新编写解析器，定制化解析特有的接口协议（Thrift、SOA 等），最后根据模板类型自动生成代码。

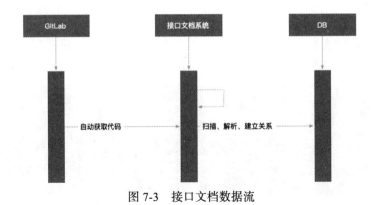

图 7-3 接口文档数据流

2. 建立模板机制

接下来，根据 NCP 接口和 SOA 接口的代码特点对代码模板进行抽象，将具体的 service、method 和参数替换成相应的变量。NCP 的实现代码如下所示。

```
class Template_apis_ncp(object):
    """
    define  ncp apis template
    """
    NCp_ClASS="""
#-*- coding : utf-8 -*-
from base import env
from base.base_client import BaseAPI
class NCP%(class_Name)s(BaseAPI):
%(descprition)s
    def __init__(self, ksid=None, params=%(params)s, module_name=%(service_area)
        s, **kwargs):
        self.ksid = ksid
        self.params = params
        self.module_name = module_name
        self.kwargs = kwargs
        super(NCP%(class_Name2)s, self).__init__(ksid=ksid, params=params,
            module_name=module_name, kwargs=kwargs)
"""
    NCP_METHOD="""
    def %(function_Name)s(self%(params)s):
%(descprition)s
        return self.call_method(service="%(Serice_Name)s", method="%(Method)
            s",params=%(json_params)s)
"""
    OPENAPI_METHOD="""
    def %(function_Name)s(self%(params)s):
%(description)s
        return self.__client.call("%(interface_name)s", %(josn_params)s)
```

3. 建立数据解析器

从接口文档上获取数据,并解析其中的接口类型、服务名称、接口名称、具体的参数以及注释。根据解析所获取的接口类型,判断其是属于 NCP、SOA 还是其他类型的接口,然后根据不同的模板将获取到的具体数据填充到模板中。图 7-4 所示的是数据解析器流程图。

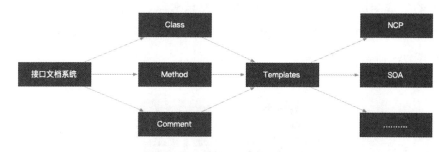

图 7-4　数据解析器流程图

4. 建立自动触发机制

最后,根据开发接口文档提交到主干(master)分支,文档系统将自动扫描和更新接口文档,集成生成器会自动触发其更新,因为这个过程比较简单,所以具体实现这里就不做展示了。

通过本次优化,原子层的测试代码(后面会变成底层代码)可以自动生成,撰写代码的时间将减少 20%,测试成本大大降低。让机器自己写代码的想法由来已久,而且有很多已经融入了实际的开发过程之中,比如我们接触的各种 IDE,有些自带了(或者通过插件实现了)通过代码模板生成工程代码的能力。虽然这与现今火热的 AI 技术关联不大,但其对于程序员的帮助是真真切切的,他们可以节省下很多写重复代码的时间,做收益更高的事情。

7.2　手工用例自动转化代码

底层框架代码已经可以自动生成了,我们的接口测试用例在没有转化成代码之前是在 XMind 上进行维护的(目前,这个用例的后期已经转移到平台上进行维护了)。这不是重点，手工用例撰写完成之后还要进行文件和方法的建立、命名等一系列操作，编写这些代码占用的时间也是相当可观的，有没有办法改变这种效率比较低下的工作方式呢？

7.2.1 接口用例撰写现状

在当前的集成测试阶段，接口作为主要的测试对象，我们要重点关注接口的正确性、连通性以及安全和性能等。在拿到需求和接口文档之后，开始进入接口用例的撰写流程，如图7-5所示。

图7-5 接口用例撰写流程

7.2.2 代码自动转化实战

XMind SDK可用于解析各个节点的元素，可以通过遍历数据结构来获取数据源，建立数据解析器和文件模板，把获取的数据按照固定的模板填入，从而生成测试目录和测试脚本。图7-6所示的是代码自动转化模型图。

1. 测试用例模型的建立

我们在编写代码的时候发现，测试过程几乎相同，首先建立文件夹和命名，然后建立方法等。如果我们进一步规范测试用例并统一测试过程，通过模型来进行输出，根据文件的命名，在测试用例模板中，对测试意图、测试方法名、测试类名进行统一。具体来说就是，测试意图将匹配到方法注释中，测试模块则对应于文件的名称，后面的以 test 开头的则是对测试方法名称进行命名。那么，如何判断这个方法属于哪一个类呢？这里采用的方式是：将 XMind 的根节点看成父节点，其他的节点看成子节点，父节点与子节点之间的关系将通过"测试模块"来进行关联。如图 7-7 所示的是代码自动转化用例模板。

图 7-6　代码自动转化模型图

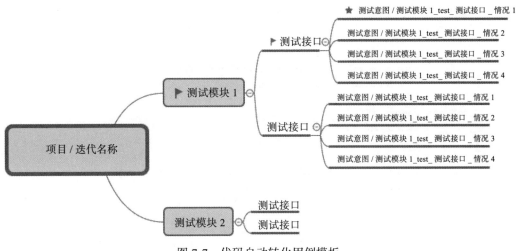

图 7-7　代码自动转化用例模板

XMind 中的测试模块、测试接口、测试意图映射到测试代码中所代表的意思分别如下。

❑ 测试模块名称：对应测试项目中的包名称。

- 测试接口：对应 test_ 测试文件的名称。
- 测试意图：对应测试方法里的注释说明。

2. 建立解析器

这里可以引入 XMindSDK 来建立用例解析器，通过循环遍历树的方法，不断地获取子节点和叶子结点，然后根据对应的关系来获取模块的名称（后期用于对项目包命名）和描述名称，示例代码具体如下。

```python
class Xmind_Reader(object):
    """xmind 文件解析"""
    def __init__(self):
        self.object=xmind.load(os.path.join(dirpath,filename))
        self.chilidNode_list=[]
        self.moduleNode_list=[]
        self.child_moduleNote_list=[]
        self.description_list=[]
        self.description=[]
        self.current_sheet = self.object.getPrimarySheet().
        self.rootTopic = self.current_sheet.getRootTopic()
    def get_all_child_pre(self):
        """获取所有的叶子节点（用于添加方法）"""
        pass
    def get_module_name(self):
        """获取模块的名称（后期用于对项目包命名）"""
        for topic in self.rootTopic.getSubTopics():
            self.moduleNode_list.append(topic.getTitle())
        return self.moduleNode_list
    def get_description(self):
        """获取描述名称"""
        pass
    def get_child_module_name(self):
        for topic in self.rootTopic.getSubTopics():
            if topic.getSubTopics() is not None:
                for subtopic in topic.getSubTopics():
                    self.child_moduleNote_list.append(subtopic.getTitle())
        return self.child_moduleNote_list
    def __get_topics(self,topics):
        for topic in topics.getSubTopics():
            title=topic.getTitle()
            if topic.getSubTopics() is not None:
                self.__get_topics(topic)
            else:
                self.chilidNode_list.append(title)
    def get_resource_file(self,path):
        for filenames in os.walk(path):
```

```
            filenames=filenames[2]
            for filename in filenames:
                if os.path.splitext(filename)[1] =='.xmind':
                    print(int(os.path.getmtime(os.path.join(path,filename))))
                    return filename
if __name__ =="__main__":
print(Xmind_Reader().get_all_child_pre())
```

3. 构建文件模型

文件和目录可以按照结构生成，但是文件里的代码需要一个文件模型，这里使用与上文相同的方式进行模板化，示例代码如下所示。示例代码中定义了一个测试模板，其中，最关键的变量分别是测试文件的类名、已经测试的方法的名称、测试注释。

```
class Template_testcase(object):
    """
    define a testcase template
    """
    TESTCASE_CLASS="""
# -*- coding:utf-8 -*-
class Test_%(class_Name)s(object):
    def setup_class(self):
        pass

"""
    TESTCASE_METHOD="""
    def %(function_Name)s(self):
        \"\"\" %(description)s\"\"\"
        pass
    """
#variables:(class_Name,function_Name,description)
```

这里我们可以得出一个结论，凡是能够自动化生成的代码都是有规律可循的。我们可以通过制定规范、获取数据、模板化、模型解析等一系列步骤完成代码的自动生成。在测试用例转化为测试代码的过程中，这种方法提高了建立测试项目以及创建测试文件、测试类和方法名的效率。

7.3 冒烟测试代码自动化生成

冒烟测试是指对系统的基础功能进行一次简单的验证。其目的主要是确保代码的更改不会破坏系统的稳定性，不会对已有功能造成影响，同时还能消除一些核心流程问题，快速确认此次变更是否能够达到测试准入标准，从而避免在正式测试阶段甚至测试中后期才发现存在阻塞性问题，导致测试进度受到影响。

7.3.1 冒烟测试的挑战与方案

冒烟测试既可以不断地对已有的主流程用例进行补充，手动执行测试，又可以编写 Shell 脚本自动化集成执行。冒烟测试的主要特征具体说明如下。

- 仅为预测试，应尽量缩短测试时间，达到高效排查阻塞性问题的效果。
- 覆盖率低，不关心细节。
- 对于快速迭代的系统，需要频繁地进行冒烟测试。

对于比较稳定且迭代较快的系统，可以通过自动化脚本在每次进行版本更新后执行，这样可以显著提高效率。

虽然自动化冒烟测试在执行时非常高效，但每次接口发生改动时，都需要测试人员对自动化脚本进行维护。执行时所发现的问题很有可能是脚本未及时更新而导致的，问题指向不明确，反而需要花时间排查。

若能在代码发生变更时自动获取最新的接口信息，拼装请求，则测试人员无须再进行冒烟测试脚本的维护，从而能够真正高效地进行冒烟测试。

如图 7-8 所示的是冒烟测试自动化的解决方案。

自动化冒烟测试主要分为两步：第一步，获取接口信息；第二步，根据接口信息拼装请求并进行验证。

7.3.2 拼装请求

现在大多数项目的接口信息不再由开发人员手动录入，而是使用自己开发的或开源的接口文档系统。我们的接口信息就是从接口文档系统中获取的。

系统每次变更的项目、功能不同，冒烟测试覆盖的接口范围也会不同。测试完成之前，每个开发人员变更的内容通常都在自己的分支上，被测试的分支也有所不同。所以，我们通常会从项目、分支、service、method 四个维度来获取接口信息。

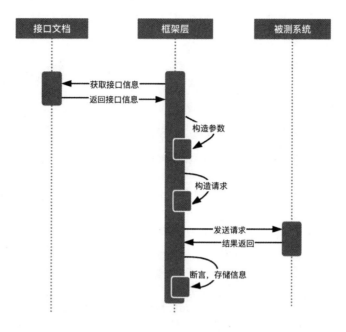

图 7-8　自动化冒烟测试流程图

拼装请求所需的信息主要为接口的项目名、service、method、参数、协议等。其中，参数的获取较为复杂，拼装请求时，我们需要知道参数的数据类型，所以需要以 { 参数名：数据类型 } 的格式来返回参数。由于参数中存在多个层级，因此需要通过递归的方式处理，并以 { 参数名：{ 参数名：数据类型，参数名：数据类型 }} 的格式返回多层参数信息。

完整的接口信息示例代码如下。

```
[{
"service": userService,
"method": getUser,
"app_id":xxxuser,
"protocol": soa,
"params": { "phone" :" String" ," enterprise" :Long}}, …]
```

7.3.3　构造参数数据

此时，我们已经拿到一个接口的项目名、service、method、参数、协议等信息，需要做的是重新拼装参数，再根据接口协议类型组装发送请求，便可以测试此接口的可用性。

在拼装参数时，如果我们已知参数名和数据类型，就可以对参数进行多种多样的测验，各类型参数及其测验列举如下。

- 数值型参数：可以构造类型边界值、0、正数、负数、不同精度等情况。
- 布尔类型参数：可以穷举构造 True、False 的情况。
- 字符串型参数：可以构造长字符串、空字符串、特殊字符等情况。
- 另外，还可以构造不符合任何类型的异常值，输入 None 等情况。

那么，应该如何根据数据类型拼装参数呢？这里有许多方法可以实现，举例如下。

1）给出一个数据字典，里面包含数据类型和想要覆盖的数据列表，示例代码如下。

```
type_dict = { "int": [INTEGER_MAX_VALUE, INTEGER_MIN_VALUE, 0, INTEGER_MIN_
    VALUE - int(random.random() * 1000),INTEGER_MAX_VALUE + int(random.random()
    * 1000), int(random.random() * 1000)],
    "string": ["", None, LONG_STRING, CHARACTER_STRING, CHINESE_
        STRING],"localdatetime": [get_now_time (), "", None,
            "1970-01-01T00:00:00","2038-12-31T23:59:59"],
    "boolean": [None, BOOLEAN_TRUE, BOOLEAN_False]}
```

可以适当丰富数据字典，例如将其分为正常、异常等类型。

2）接口包含的参数类型里，选取列举值最多的参数类型，将其列举值的数组长度作为该接口的运行次数。其中，lists 表示接口中包含的参数类型数组，示例代码如下。

```
def run_times(lists):
    run_times = 1
    for i in lists:
        times = len( type_dict[i])
        if run_times < times:
            run_times = times
    return run_times
```

3）将每个数据类型列举值数组中的第 n 个数值作为第 n 次运行的参数，若 n> 数组长度，则可以随机选取数组值，或者固定使用一个正常类型的数据。其中，type 表示参数类型，time 表示当前运行次数，示例代码如下。

```
def get_value(type, time):
    list = type_dict [type]
    if len(list) > time:
```

```
        return list[time]
    else:
        return list[0]
```

4）根据接口信息中的参数模板，将各个值递归地填入参数中，用相应的值替换掉原本的参数类型。示例代码如下，其中各参数所代表的含义如下。

- params：接口参数模板。
- times：运行次数。
- lists：接口中包含的参数类型数组。
- change_json_value：用相应的值替换参数模板中的参数类型。

```
def call_method_with_param(protocol, service, method, params, app_id,
    branch,times,lists):
    for t in range(times):
    param = repeat_change_json_value(func=change_json_value, init_param=params,
        t=t, lists=lists)
    result = None
    if protocol == "NCP":
        result = call_ncp_method(service=service, method=method, param=param)
    elif protocol == "SOA":
        result = call_soa_method(app_id, service, method, param)
```

参数拼装完成后，只要根据不同的协议调用不同的协议模板发送请求，就可以得到接口的返回信息，并进行状态码、报错信息等测试中最常见的基础断言。同时，还可以将测试过程中的 cURL 与报错信息存储下来，以方便后续对问题进行排查。

自动化冒烟测试有耗时短、节省人力、能保证测试环境的可用性等优点。目前，自动化生成只是生成了接口请求的参数模板，对于带有业务性质的数据的生成和验证还处于探索阶段，后面我们希望能够通过机器学习找到突破点。

7.4 本章小结

效率与质量一直是我们关注的焦点，要提升效率，毋庸置疑，我们首先想到的是增加自动化测试的占比。然而，自动化代码的撰写成本和维护成本是自动化测试时不能忽视的。本章重点介绍了如何降低这两方面的成本，把测试人员从重复性的机械劳动中解放出来。下一章将讲解框架代码的可维护性问题。

第 8 章

框架代码场景化改造

随着业务复杂度越来越高,测试的代码量也变得庞大起来,由此也带来了代码维护成本高、看不懂其他人所写代码的问题。那么,我们能否将 BDD(Behavior Driven Development,行为驱动开发)的自然语言模式与自动化代码相结合,对测试场景语义化,从而解决测试代码的阅读和理解成本高、维护难的问题呢?本章将主要介绍如何利用 BDD 模式提高框架代码的可读性。

8.1 Journey 模式 BDD

BDD 最初是由 Dan North 于 2003 年提出的概念,是一种高效的沟通协作方式。BDD 是指基于用户行为,利用简单的场景和格式化的自然语言来描述场景的需求,从而使得研发人员能够更容易理解产品或者业务的需求,并让研发团队能够更好地识别出产品的特性,让产品设计和实现更理想,同时,也让产品验收更高效。推行这种模式,将会涉及产品、研发,并且会颠覆整套研发流程,落地成本比较高。当然,它的优点也是不容忽视的,用自然语言来场景化代码将取得非常好的效果。

8.1.1 Journey 模式简介

"Journey 模式"BDD 是指将 SOLID 设计原则应用到自动化验收测试中(比如,单一职责原则、开放/关闭原则),并将测试意图与实现分离开,也就是我们经常说的,把做什么和如何做分离开,这种分层抽象使得测试更加易于理解和维护。

利用此设计模式,主要是为了彻底重构测试对象,在套件上添加新的测试套件。相对于传统的面向对象的设计模式,Journey 模式更加方便,测试代码更易编写,而且可以生成更高质量的测试报告和实时文档。

Journey 模式最早是由 Antony Marcano 提出的,后来由 Andy Palmer 做了完善。2013 年,Jan Molak 开始推广应用此模式,它才被人称为"Journey 模式",也有人称之为"Screenplay 模式"。

BDD 鼓励开发人员基于某种业务行为描述软件行为,步骤清晰,而且立体感特别强,类似于用户故事。

Journey 模式 BDD 的示例代码如下。

```
tom = Merchant.named(name="tom")
robot = Customer.named(name="robot")
givenThat(robot).has(create_order.at(tom.shop))
order_id = tom.sawAsThe("order_id")
    thenThat(tom).attemptsTo(cancel_order.of(order_id))
thenThat(tom).should(
    seeThat(order(), displays("$.status", is_("INVALID"))),
    seeThat(memory(), displays("$.showInvalidOrderButton", is_(False)))
)
```

8.1.2　Journey 模式原理

Journey 模式采用以用户角色(Actor)为中心的模型,也就是说是以用户为中心的(相对于应用系统)。后文所讲的 Journey 模式的流转将全部以用户为中心。一个用户进入一个系统,他拥有什么权限,可以做什么事情(比如,购物、买单等动作),执行完动作后看看是否成功,这一整个过程可以表示为图 8-1 所示的 BDD 模式原理图,每个 Actor 均有一项或多项能力(Ability),比如应用服务。Actor 也可以执行任务(Task),比如添加一个条目到 Todo 列表中。为了完成这些任务,它们需要与应用系统进行交互,比如,在输入域中输入某个值,或者点击一个按钮。我们将这种交互称为动作(Action)。Actor 也可以提出问题(Question),询问应用的状态。

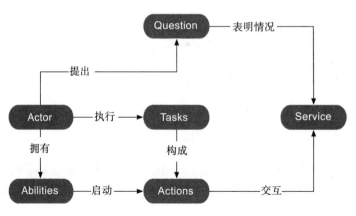

图 8-1　BDD 模式原理图

对图 8-1 中各节点的说明如下。

- Actor：角色（如商家、消费者）。
- Abilities：能力，角色具备的能力或权限。
- Actions：动作，最小颗粒度的角色行为（如点击按钮、下拉页面等）。
- Tasks：任务，由多个 Action 组成（如下单任务可包含选择商店、选择菜品、确认订单、订单支付等动作），任务也可以由其他多个任务组成。
- Question：问题，对执行后结果的断言，判断结果是否符合预期。

下面列举并说明一些常用连接词。

- 连接词 givenThat、whenThat、thenThat 等：用于语句的起承转合，无实际作用。
- has、attemptsTo、wasAbleTo 等：后跟 Action 或 Task，表示执行其中的 perform_as 方法。
- should：表示做断言。
- actor.remember(key, value)：表示将键值对存储下来。
- actor.sawAsThe(key)：表示取出存储过的值。
- actor.memory()：表示读取最近一次存储的值。

8.2　问题与解决方案

随着自动化框架的搭建完成，自动化用例开始了大规模的补充，用例也已经集成并应用到了实际的工作中,并且自动化用例已经指派给了开发人员自测,但这个过程本身还存在一些问题,本节就来讨论这些问题及对应的解决方案。

8.2.1 自动化问题

笔者曾经碰到过这样一个真实的场景:开发人员在使用测试人员开放的测试脚本的过程中出现了问题,排查很长时间后才发现是测试脚本的问题;测试人员自己去排查时却发现脚本不是他写的,他看不懂,又排查了很长时间,最终还是没能找到问题的原因。开发人员看不懂测试人员编写的测试代码,甚至连测试人员也看不懂其他测试人员编写的代码。导致这个问题的原因主要有如下两点。

- 命名不规范、具体实现不统一:比如变量命名这样的细节,有些名称是英文的,有些则是拼音,还有些是英文的缩写。
- 维护成本高:业务迭代快,需求增多,测试代码量日益增多,代码的维护成本也随之增加。

其实,根本原因是大家的协作模式出现了问题。如果开发和测试分属于两个系统,那么这两个系统的沟通效率和质量将是极低的。如何解决协作模式的问题呢?

8.2.2 解决方案

引入 Journey 模式 BDD 之后,可以用近乎自然的语言描述系统的应用场景。首先,我们需要梳理需求场景;然后使需求实例化的整个过程简单明了,站在用户的角度,以故事(story)的形式实例化场景;最后将场景转化成代码。图 8-2 所示的是 Journey 模式 BDD 处理流程的图示。

图 8-2 BDD 模式处理流程

8.3 过程实战

根据 8.2 节介绍的解决方案，站在用户的角度，我们应该如何以故事的形式将解决方案转化成让所有人都能看得懂的代码呢？接下来本节将通过一个小案例向大家详细介绍我们的解决方案具体是如何落地的。

8.3.1 梳理场景需求

梳理场景需求是指根据产品提出的具体业务目标和软件需求，对真实的场景需求进行梳理。比如，一个简单的商户接单需求，其实现步骤具体如下。

1）一个用户在一家店里下了单。
2）经过系统的数据流转，商家通过接单平台点击接单。
3）商家接单完成后，订单状态变为成功接单。

8.3.2 实例化用户故事

测试人员与开发人员或者产品部门一起梳理用户故事，并实例化用户故事的验收条件，举例说明如下。

1）用户 Robot 在商家 Jack 的店里下了一个订单。
2）Jack 接单。
3）Jack 确认接单是否成功，查看此单的状态，查看结果是：未处理订单页面无此单，已处理页面有此单。

8.3.3 转化为自动化验收代码

通过 BDD 工具将梳理好的实例化故事转化成相应的自动化验收代码。目前，业界比较流行的 BDD 工具有 Cucumber、JBehave、Lettuce、RobotFramework 等。我们在这里主要结合连接词、匹配器 Harmset、py.test 等自行定义 BDD 框架。

上文列举的下单、接单用户故事可以转化成如图 8-3 所示的自动化验收代码。

```python
def test_confirm_order():
    """
    商户接单流程：下单，高频轮询，query_order，接单，query_order
    """
    jack = Merchant.named(name="jack")
    robot = Customer.named(name="robot")

    givenThat(robot).has(create_order.at(Shop.of(jack)))
    order_id = str(robot.sawAsThe("order_id"))

    thenThat(jack).should(
        seeThat(order_unprocessed_list.pulled(), is_(has_item(order_id))),
        seeThat(order_unprocessed_list.displayed(), has_item(order_id))
    )

    whenThat(jack).attemptsTo(confirm_order.of(robot))

    thenThat(jack).wasAbleTo(wait.seconds(1))
    thenThat(jack).should(
        seeThat(order(), displays("$.status", is_("VALID"))),
        seeThat(order_status.is_valid()),
        seeThat(order_unprocessed_list.pulled(), is_not(has_item(order_id))),
        seeThat(order_unprocessed_list.displayed(), is_not(has_item(order_id))),
        seeThat(order_processed_list.first_page(), has_item(order_id))
    )
```

图 8-3　BDD 代码示例图

通过本次实战可知，使用 BDD 的传统语法可以解决可读性问题，即以用户为中心，通过类似于讲故事的方式实例化场景。

其实不管是 BDD，还是 TDD，甚至是 DDD，我们都要在进一步分析它们实际上能解决什么问题之后再引入，最终目的是提高质量和效率。

8.4　框架与 BDD 的融合解析

通过 8.3 节的内容，我们了解了如何使用自然语言撰写测试代码。本节将主要为大家解析 BDD 如何与现有的测试框架进行融合，在融合的过程中会遇到什么样的问题，以及我们的设计与思考。

8.4.1　框架与 BDD 融合所面临的问题

1. 原始框架的介绍

BDD 模式与 API 框架分层图如图 8-4 所示，各层的说明具体如下。

- 公共基础层：协议、配置、环境、脚本。其中，Protocol 主要是针对各种协议的基础请求的封装，比如 NCP、SOA、RESTful、Thrift、HSF 等。
- API 层：单个接口封装的原子级别的基础请求，包括开放平台的 SDK 等。
- 组件 / 业务层：主要是根据业务的原则性，将原子层的请求封装成一个个基础组件，再按照业务将组件拼装成一个个单纯的业务功能。

❑ 用例层：主要结合组件层/业务层，根据实际的业务场景组合拼装成实例化的用例。

图 8-4　BDD 模式与 API 框架分层图

那么，从现有的业务分层的角度来看，如何进行改造才能让 BDD 与现有的框架更好地融合且改造程度最小呢？连接词 given、then、has 等又该如何处理呢？如何从原始的基于业务的测试用例，变成以人为中心进行处理呢？

2. 面临的问题

从一开始，我们要确定的基本原则就是，做一件事情，不要重复造轮子，在现有的开源工具能够满足的情况下尽量不要自行开发。在接触了 Cucumber、JBehave 等框架之后，我们发现这些框架存在以下问题。

1）存量高：存量测试用例已经达到了上千条，这些测试用例无法重复利用。

2）改造成本高：对 API 的支持差，内部协议、配置等均需要自行改造。

3）嵌套困难：若按照开源框架的语法进行改造，则现有的用例难以嵌套。

既然开源的框架不适合，那么能否借鉴 BDD 的思想精髓，依葫芦画瓢，自行构造一个适合我们自己的框架呢？

8.4.2 框架的设计思路

复用原始框架的基础层以及 API 层，在公共基础层引入以 Actor 为中心的设计模式，将 Actor 看作一个对象，将基础配置信息、个人属性以及其所能做的动作方法全部集成到 Actor 对象中去。关于加入的连接词，我们可以从文件、类、方法的命名上做衔接，Ask、Task、Action 等也是如此。针对 Question，我们引入了 hamcrest、objectPath 来解决结构体层级比较深的问题，并以此提高匹配效率。

用例管理还是保持不变，使用 py.test 来管理和执行测试用例。组件层主要是针对基础层实例化 Actor、Action 等具体的业务测试逻辑代码，比如，商户、个人用户、管理员、第三方开发者、运营人员等角色，Action 的实例化主要是调用 API 层原子类型的封装进行业务封装。

用例层根据计划的场景定义角色，根据组件层提供的组件组装场景。

8.4.3 过程实战

1. Actor 的定义

- jack = Merchant.named(name="jack")

上述代码中，Merchant 抽象出了一个超类，该超类具有 Actor 的所有能力，但没有具体的实现，可以将其类比为 Java 语言中的抽象类。

如图 8-5 所示，Actor 可分为基本属性和能力两大块。在 Journey 模式中，我们将与应用交互的用户称为 Actor，每个 Actor 都包含了多种属性，拥有多项能力。假设 Actor 是一个用户（Consumer），是此模式的核心，能够执行很多任务（Task），如访问店铺、添加购物车、付款等。假设一个商家，他有店铺，可以执行上传菜品、更新价格、签约、营销等动作（Action）。Actor 可以提出 Question，询问应用的状态，也可以临时存储一些数据，放在内存（Memory）中，以及调用 Memory 中存储的数据等。

2. 构建 Task/Action

- whenThat(jack).attemptsTo(confirm_order.of(robot))

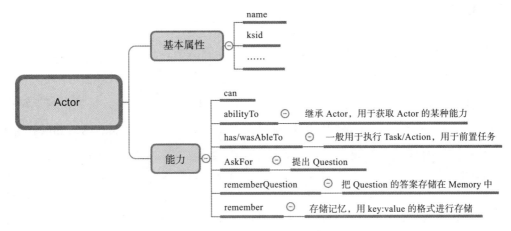

图 8-5　Actor 的属性和能力

Journey 模式的关键就是 Actor 会执行一系列的 Task、Action，以及 Task 与 Action 的组合。在 Serenity 中，这种机制是通过 Actor 类来实现的，它使用了命令模式（Command Pattern）的一种变体形式，在这里，Actor 会执行每一项 Task，这是通过调用对应 Task 对象的 performAs() 方法来实现的（如图 8-6 所示）。Action 类与 Task 类非常相似，不过，Action 类更关注应用或接口，偏向于原子层面，而 Task 类则更注重业务流，基本上可以看作是多个 Action 类的组装。

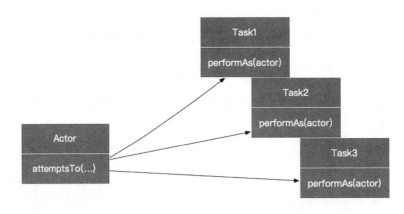

图 8-6　Actor 与 Task 的联动图

3. Question

Question 对象与 Task、Action 对象类似，但是，它与 Task 和 Action 所使用的

performAs() 方法不同，Question 类需要实现 answeredBy(actor) 方法，并返回特定类型的结果，测试断言可以从 Actor 的视角来回答，比如，下方示例代码使用 Actor 的能力来完成。为了提升验证效率，我们引入了 harmset、objectPath 来共同完成检验。

```
thenThat(jack).should(
    seeThat(order(), displays("$.status", is_("VALID"))),
    seeThat(order_status.is_valid()),
    seeThat(order_unprocessed_list.pulled(),is_not(has_item(order_id))))
```

采用这种 Journey BDD 方式的一个结果就是，原来的 Object 模式可能会被彻底重构。BDD 对 Journey 模式的支持会带来很多令人兴奋的可能性，尤其是 Journey 模式鼓励声明式的编写风格，这就使得编写易于理解和维护的代码变得更加简单了。相对于传统的 Serenity Step 方法，Journey 模式的 Task、Action 和 Question 类具有更加灵活、可重用和易读性的优势。

将 Actor 的能力进行分离会带来很大的灵活性。例如，我们可以很容易地编写多个 Actor 使用不同浏览器实例的测试代码。

目前组内的推广使用情况表明，Journey 模式非常适合用于撰写场景类型的测试用例。但这种模式的利弊关系尚需要时间去验证。可能有些人已经习惯了传统函数之间的调用，基于功能模式和领域进行分层，我们不能为了易读性而不计成本地去改变原来的方式。在做自定义框架之前，我们必须评估好具体的投入产出比，否则，后期的维护成本将是巨大的。

Chapter 9 第9章

FSM 场景化代码动态组合技术

自动化代码经过了 BDD 赋能之后，其可读性得到了提高，但是编写代码的效率依然还存在巨大的进步空间。基于模型的测试（Model-Based Testing，MBT）是自动化在追求高效的道路上的产物。利用 FSM（Finite State Machine，有限状态机）技术抽象模型自动生成自动化用例就是基于模型的测试方法之一。

也有人称 FSM 为有限状态自动机（Finite State Automaton）。通俗地讲，FSM 是表达在"有限个状态""有限事件""有限的动作及条件"之间的关系的一种数学模型。

本章将主要讲解如何利用 FSM 技术来提高自动化代码撰写的效率。

9.1 订单代码组合的常态

在外卖订单中，订单的状态是多种多样的，从订单创建生效开始，中途经历了商户接单、订单取消、订单完结等状态，这里还没有将逆向单、骑手的订单状态等包括进去。

根据用例的单一原则，一条用例对应一个自动化测试用例，那么在自动化用例中，订单的每一种组合状态都是一个不同的自动化测试用例，如图 9-1 所示，自动化测试用例至少可以组合出 8 个测试方法。

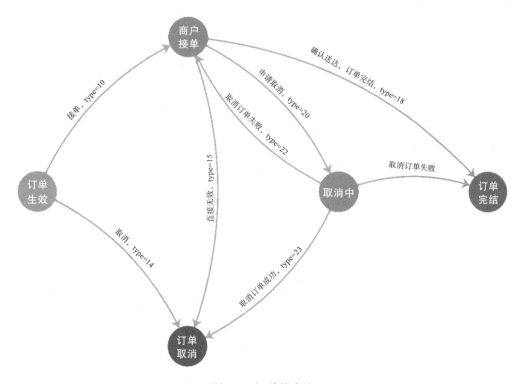

图 9-1　订单状态流

9.2　FSM 赋能方案

FSM 可用于自动生成测试用例集。我们先不考虑系统如何做，在传统的测试用例撰写中，我们通过人工转化的方式，从状态流程图中将状态流转成一个个可执行的测试用例，可能出现的流程状态如下所示。

订单生效→商户接单→订单完结

订单生效→商户接单→订单无效→订单取消

订单生效→取消→订单取消

订单生效→商户接单→申请取消→取消订单失败→订单完结

从人工转化测试用例的方式中不难看出，在手动编写测试用例的时候，我们已经初步使用了简单的树形结构方式，那么换作系统自动转化又该如何做呢？如图 9-2 所示，具体的做法如下。

1）**业务建模**：结合业务规则，抽象出业务有向状态图。

2）**动态绘制流程图**：利用系统语言动态绘制流程图。

3）**构建 FSM 转化器**：根据有向图模型，再将绘制的流程图进一步转化成树结构，并遍历所有的树结构状态。

4）**用例组合**：从根节点出发到叶子节点，每一条路径都会产生一条用例，最后将这些用例组合成用例场景。

图 9-2　FSM 转换流

9.3　业务建模

业务建模，通俗来讲其实就是，根据业务规则从"人脑"中进一步抽象出来的业务模型。所谓模型就是不要关注业务本身的细节，而是要看清楚业务的本质，进而抽象。订单的业务特点具体如下。

- 订单的状态是有其生命周期的，从订单创建到商户接单，再到取消订单或订单完结，它经历了开始状态、中间状态到最后的消亡状态。
- 中间的状态均不是孤立的，需要通过中间的操作来影响其状态。
- 状态具有流转关系。

9.4 动态绘制流程图

那么，我们应该如何使用代码或者命令进行流程图的动态绘制呢？这里我们主要使用 Graphviz 工具动态绘制订单流程图。

在 UML（Unified Modeling Language，统一建模语言）建模的工具中，Graphviz 是一款高效简洁的绘图工具，来自贝尔实验室的一个开源工具包，目前可以使用 dot 脚本通过布局引擎来进行动态解析，从而高效地绘制出图形。Graphviz 本身包含了很多布局器（如 dot、fdp、neato 等），其默认的布局方式是 dot，主要用于有向图，这里我们只讲解 dot 布局方式。

9.4.1 Graphviz 使用介绍

Graphviz 安装命令：brew install Graphviz（这里只讲解 Mac 环境的安装，至于其他环境，建议大家自行搜索并安装，这里不做过多介绍）。

绘图引擎代码如图 9-3 所示。

```
from graphviz import Digraph
from graphviz import Source
class Graph:

    def __index__(self):
        pass

    def render(self):
        #1.实例化一个Digraph对象(有向图)
        dot = Digraph(comment='The Round table',format='png')
        #2.生成图片节点 a,b,c
        dot.node(name='a',label='zbz_a')
        dot.node('b','zbz_b')
        dot.node('c','zbz_c')
        #3.在节点之间一次性画多条线
        dot.edges(['ab','ac','ab'])

        dot.edge('b','c','test')
        #保存
        dot.save('test-table.gv')
        #用render 生成图片，用view调试
        dot.render('test-table.gv')

    def show(self):
        #
        s=Source.from_file('test-table.gv')
        print(s.source)

if __name__=='__main__':
    s=Graph()
    s.render()
    s.show()
```

图 9-3　绘图引擎代码

图 9-4 所示的是模型的绘制效果图。

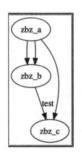

图 9-4　模型图示例

绘图引擎代码中所用的方法说明如下。

- Digraph()：实例化一个图形对象。
- node()：node 方法的第一个参数是 name，第二个参数是 label，node 方法主要用于画节点。
- edges()：edges 方法可以一次性添加多条线，每条线都用字符串表示。
- render()：把图形画出来，调试 view()。

9.4.2　使用简化模式绘图

1. text 模式写法介绍

可以使用 node() 和 edges() 方法绘制模型图，但是当订单状态比较多时，这种写法就不是很合适了，建议使用 text 简化模式。如果转化成 text 源码，则代码如下。

```
digraph  test-table{
    a [label=zbz_a]
    b [label=zbz_b]
    c [label=zbz_c]
    a -> b
    a -> c
    a -> b
    b -> c [label=test]
}
```

用文本模式表示有向图的时候，可以省略声明，最终的简化版本如下。

```
digraph  {
    a [label=zbz_a]
```

```
    a -> b [label=zbz_b]
    a -> c [label=zbz_c]
    a -> b [label=zbz_b]
    b -> c [label=test]
}
```

2. 业务绘制流程图

可以根据订单业务动态绘制流程图，使用 text 模式撰写代码，如图 9-5 所示。

图 9-5 FSM 示例代码

3. 执行效果

执行绘制流程图的代码，当代码运行到 render() 方法后，便可得到如图 9-6 所示的 FSM 绘制的模型图。

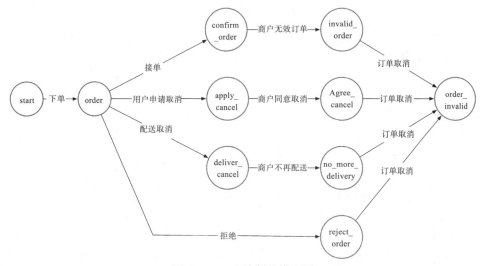

图 9-6 FSM 绘制的模型图

9.5 构建解析器

目前,我们已经绘制出了流程图,但是每个节点上并没有具体的 Action 函数,现在即使遍历树的节点,也是静态的文本,组合成具体的路径也是一串字符串。那么如何才能让串联之后的语句变成可执行的语句呢?如果想要在遍历模型图之后组合成具体的可执行语句,那么我们必须在每个节点中加上具体的执行语句,然后进行组合。

9.5.1 解析器方案

1. 填充节点函数

在节点上添加拼接的语句,让节点变成节点函数,此时的 label 并不是一个简单的 label,其中还包括具体的执行动作。

2. 构建解析器

这里的解析器包括两个部分:1)解析多叉树的解析器;2)在识别节点之后,解析每个节点上的内容,让其从文本变成语句。图 9-7 所示的是解析器的流程图。

图 9-7 解析器流程图

9.5.2 过程实战

1. 添加 Node Action 事件

根据前面的 text 代码,我们可以对 label 进行修改,然后构建我们需要的解析器进行识别即可。下面按照图 9-8 所示的思路改写上方状态流程图中的代码。

图 9-8 中的语句是按照 BDD 的形式撰写的。

那么问题来了,我们如何解析 label 上的语句呢?如果要构建一个可执行语句,那么依赖的包应该如何解决呢?如何将这些关键字识别出来。通过状态流程图的走向,如何将各个节点的语句拼接成一个测试用例场景呢？

```
digraph A {
    graph [fontsize=24; fontcolor=limegreen; rankdir=LR];
    actor [tom=Merchant;robot=Customer;blink=Blink];
    start -> order [label="下单";actor="robot";action="create_order.at(Shop.of(tom))"];
    order -> confirm_order [label="接单";actor="tom";action="confirm_order.of(robot)"];
    order -> reject_order [label="拒单";actor="tom";action="reject_order.of(robot)"];
    reject_order -> order_invalid [label="";actor="tom";action=""];
    confirm_order -> invalid_order [label="商户无效订单";actor="tom";action="invalid_order.of(robo
    confirm_order -> apply_cancel [label="用户申请取消";actor="robot";action="apply_cancel.at(Shop
    confirm_order -> deliver_cancel [label="配送取消";actor="blink";action="blink_delivery_cance
    deliver_cancel -> no_more_delivery [label="商户不再配送";actor="tom";action="no_more_delivery
    apply_cancel -> agree_cancel [label="商户同意取消";actor="tom";action="agree_cancel_order.of(
    agree_cancel -> order_invalid [label="";actor="tom";action=""];
    invalid_order -> order_invalid [label="";actor="tom";action=""];
    no_more_delivery -> order_invalid [label="";actor="tom";action=""];
```

图 9-8　代码示例

2. 构建解析树的解析器

大家可能都听过这样一个故事：欲把大象放到冰箱里，第一步是把冰箱门打开，第二步是把大象放进去，第三步是关上冰箱。通过这个故事我想告诉大家，我们做每件事情都要思考其背后的目的，以及我们想要达到怎样的效果。现在回到解析器的构建上，我们要达到的目的是什么？简单概括就是从状态流程中识别其中的关系及语句，构建函数（确切地说应该是可执行代码段）。大家思考一下撰写函数时结构体是什么格式的，总共分为哪几步。然后再思考如何将绘制出来的模型图转化成具体的可执行文件，其中需要解决的问题具体有哪些。

构建解析器的具体步骤如下。

（1）导入依赖包

我们在日常工作中撰写函数时，通常已经知道了具体依赖的包有哪些，包括业务依赖的包和类。这里就采用最简单的方法，引入当前项目所有的包，在 Python 中解析根目录层级，将路径变成"from … import …"，然后导入依赖的匹配器以及其他系统基础包等。

（2）解析前置条件、声明变量或要求

因为状态流程中并没有包括开始的声明或者前置条件，所以画布中的第一行要专门撰写一个关于 Actor 语句的解析器。

（3）构建树结构

构建树结构，通过树结构的父子节点关系，来转化测试用例场景，通过遍历方式，从根节点开始搜索并遍历下一个节点的集合，如果当前节点的下一个子节点与节点集合的第一个元素相同，那么该节点就是最后的节点。

（4）解析节点的语句

根据图形模型的实例代码的写法 a—> b [label=zbz_b] 来构建匹配器。下面我们需要思考如何让框架识别每一行代码的 Actor、Action、Question 等关键字，然后根据 BDD 的写法填入具体的代码语句内容（每个关键词的语句写法方式各不相同，具体可参看图 8-3）。比如，Actor 使用模板 {}={}.named(name="{}")\n""".format(r[0], r[1], r[0])，这里就按照这种方式来填入，其他可参照第 8 章的图 8-3 填写。

3. 遍历组合语句

遍历解析的代码并组合成代码函数，将识别出来的代码引入包、代码声明、节点上解析过的行代码的具体内容，通过函数匹配组合成具体的 function_text。需要注意的是，由于 Python 是比较注重代码缩进的，因此在组合代码的时候一定要注意代码缩进的问题，否则语法会报错。（也可以在简单地使用匿名函数的基础上进行包装，例如，lambda v: ["   " + x for x in v]。）

9.6 本章小结

自动生成代码的执行效果图如图 9-9 所示。对于 QA 人员来讲，只需要将每个节点的实际操作函数封装好，绘制出模型图即可，模型图上的节点语句就可以按照节点之间的关系自动进行组合。

更进一步地思考一下，如果这个状态机展示的不仅仅是订单状态，还是业务的核心流程场景，可以对每个节点进行组合，那么我们的核心用例场景就可以自动进行组合了。此时再进行平台化，页面将展现出封装好的业务原子类型的组件，我们只需要拖曳页面即可完成用例的组合，这对于测试效率和赋能研发自测来说又将是一个巨大的提升。

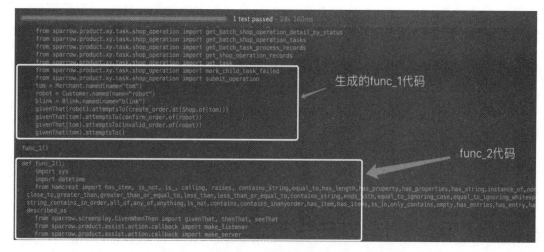

图 9-9　执行效果图

第四篇 *Part 4*

赋　　能

　　经历了自动化框架的不断演变和提效，自动化用例的沉淀成本逐渐得到改善，回归效率得到了提升。此时我们从研发流程出发进行能力输出，"赋能"团队，提高团队的效率。

　　近年来，"赋能"似乎已经成了流行词，比如，赋能商家、零售赋能、成为一家赋能型公司等。谷歌创始人拉里·佩奇说过："未来组织中最重要的功能不再是管理或激励，而是赋能。"

　　那么，赋能是什么呢？赋能，顾名思义就是赋予能力或能量，最早出现在积极心理学中，旨在通过言行、态度、环境的改变为他人赋予正能量，以最大限度地发挥个人才智和潜能。

　　赋能是双向的，既包括了自我赋能，又包括了向他人赋能。本篇将主要从以下几个方面介绍如何提高研发效率和研发质量：造数能力输出（数据工厂），提升快速交付效率（持续集成），测试左移（如通过代码质量和Story_QA赋能）。

第 10 章

数据工厂

经过调研我们发现,大约 80% 的开发人员认为,测试的时候,测试数据不好造,效率太低,还要依赖上下游部门的同事,困难重重,每次自测却因为复杂烦琐的数据构造流程让人望而却步。由此可见,如何方便地一键生成数据以提高效率是首要问题。本章将主要讲解造数阶段的实战操作与进阶知识。

10.1 数据工厂迭代背景

早期造数因生产力低,常被测试人员和研发人员所诟病。本着利用技术来提升质量效率的原则,数据工厂的迭代和优化一路披荆斩棘、稳步前进!

10.1.1 造数常见的场景

开发人员:"@ 测试人员,麻烦帮我下个订单,我想自测一下这项功能。"

项目经理:"今天 B 端人员要进行全链路联调,需要相关的 QA 人员提供支持,以便构造测试数据。"

产品人员:"我想验收一下这项功能,QA 人员能否帮忙提供一下测试数据?"

上述场景数不胜数,大多数时候,QA 人员不得不扮演保姆的角色,而且经常是在工作最高效、最投入的时候被其他部门的同事打断,仅仅是因为要构造一条测试数据这样一件不大不小的事情。

有时候构造一条测试数据(尤其是在有复杂链路或者上下游依赖的情况下),所花的时间和精力堪比进行一场马拉松长跑,甚至还要推敲产品的前世今生。QA 人员所面临的造数压力从未得到缓解,甚至还有愈演愈烈之势。因此 QA 人员提升数据能力,赋能产研,提高效率,保证质量,已经刻不容缓了!

在这种形势下,数据工厂在一次次的优化迭代中应运而生。

10.1.2 数据工厂演变历史

图 10-1 所示的是 QA 数据工厂的演变优化过程。

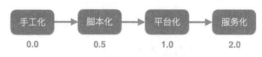

图 10-1 数据工厂迭代优化图

相信大多数开发人员及 QA 人员对数据工厂的 0.0 时代都不陌生,虽然美其名曰数据工厂 0.0,其实就是一无所有,只能靠在 App 或网页上手动操作,即用最原始的方式构造正常的业务测试数据。数据工厂 0.0 阶段是最原始、最低效的阶段,配置、操作和生成数据非常消耗人力资源成本,而且长此以往也会消磨 QA 人员的积极性。下面就来详细介绍数据工厂脚本化(0.5 时代)、平台化(1.0 时代)和服务化(2.0 时代)的相关内容。

10.2 数据工厂脚本化

脚本化是指通过脚本封装接口实现造数/测试。脚本化的出现较好地缓解了造数的压力,简化了复杂数据的构造流程,提高了造数的效率。

10.2.1 脚本化面临的挑战

互联网应用基本上都有对应的客户端和服务端,在数据工厂 0.0 时代,我们都是通过 App 或者网页端操作来生成测试数据的。后来，我们发现直接利用工具或脚本（如 Postman/JMeter/Python 等）能够节约大量的时间，因为不用再打开网页，不用再启动 App 了。至此，我们进入了数据工厂 0.5 时代，即脚本化时代。

数据工厂 0.5 时代虽然看起来效率已经有了不少提升，但是随着使用频率的提高和应用范围的扩大，我们需要面对的问题也层出不穷，具体列举如下。

- API 不稳定，经常会受到上下游链路的影响，导致功能不可用。
- 鉴权问题，每隔两小时 Token 失效一次，多端登录存在互斥问题。
- 业务逻辑复杂，参数众多，层层校验，API 依赖一波三折。

以上问题都是调用外层 API 造数需要面对的顽疾，甚至可以说是一道很难跨过去的坎。因此，我们需要思考的问题是：如何提供一个逻辑轻、服务稳定、鉴权少、易维护的造数脚本？

10.2.2 从 RESTful API 转向 SOA API

后来，SOA（Service-Oriented Architecture，面向服务的架构）进入了我们的视线，因为上述特性正是 SOA 所具备的天然特性。对于造数者而言，他们大多数时候只关心测试数据，而不关心其上游依赖和下游消费的使用情况，此时，直接调用对应的数据状态机服务即可快速完成所有数据的构建。

这里我们可以通过举例说明来对比一下数据构造流程。看一个常见的交易系统的造数需求：测试商户端的接单功能（简而言之就是，商户端接收一个已支付、待接单的订单）。图 10-2 所示的是针对商户端接单场景，两种方案的对比图。

对于图 10-2 所示的场景来说，相信大家肯定更倾向于选择 B 方案。A 方案是对看得见的 API 进行组合调用，而 B 方案则是不对外暴露的 SOA 服务，交易服务本身就是一个 SOA 微服务，其所具有的主要优势如下。

- 逻辑轻，不需要构造一系列前置数据。
- 调用链路短，服务少。
- 稳定性强。

❑ 可维护性好。

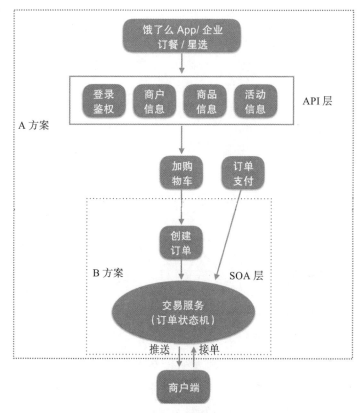

图 10-2 方案对比图

至此,我们实现了数据工厂 0.5 时代,即脚本化时代,造数效率和稳定性有了不小的提升。

10.3 数据工厂平台化

10.3.1 平台化面临的挑战

孙子兵法有云:"兵无常势,水无常形,因敌变化而取胜者,谓之神也。"随着造数效率的提升,新的问题也随之出现:应由谁来执行对应的造数脚本?

如果由开发人员执行,就需要配置脚本环境。脚本会随着需求的变动而经常发生变动,研发人员需要随之熟悉相应的脚本环境。

如果由 QA 人员执行，那么虽然执行起来很简单，但还是解决不了因为造数需求而频繁干扰 QA 人员工作的问题。

我们需要满足以下新要求。

- ❏ 造数脚本或能力需要统一管理。
- ❏ 使用方无须进行环境配置。
- ❏ 无须人工手动执行。
- ❏ 可以随时随地自由使用。

综上所述，造数脚本需要进行线上统一管理。因此，平台化应运而生，我们进入了数据工厂 1.0 时代。

10.3.2 关于平台化的思考

众所周知，测试用例经常需要构建大量的测试数据，这些数据就组成了数据工厂。因此，我们可以将数据工厂服务集成到 API 测试框架中，将已有的大量自动化用例以及测试数据透出，提供给研发部门。服务端将基于 Python 的 Flask 框架和 Jinja2 模板动态生成测试数据。将测试用例的大量测试数据开放出来，再集成到之前的造数脚本中，数据工厂也因此名副其实，造血能力发生了量变和质变。

数据工厂的效果图如图 10-3 所示。

图 10-3　数据工厂截图

由图 10-3 可以看出，页面的工具样式都是表格式的，这样做的优势如下。

- 前端参数化、模板化，工具开发无须前端投入。
- 后端模板化，工具开发后端无须额外开放新的 API。
- 由框架统一完成接口的信息输入和输出。

10.3.3　如何新增一个造数工具

造数工具后端代码示例如图 10-4 所示。

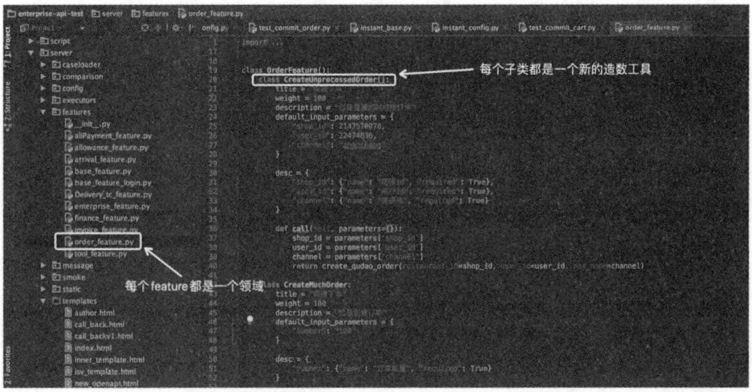

图 10-4　造数工具后端代码示例

编写一个造数工具就是这么简单，在对应领域只需要新增一个子类即可，框架会自动为前端分析子类参数和数据，前端将按照模板自动进行渲染和展示。前端发起请求时，后端是如何进行参数接收和处理的呢？

造数工具时序图如图 10-5 所示。

服务端的两个关键接口（即查询造数工具接口和请求造数 API）的代码如图 10-6 所示。

对图 10-6 所示代码中的方法，说明如下。

- get 方法用于获取造数工具的关键参数，包括工具名称、参数名、默认值以及参数含义等信息。
- post 方法用于接收父类名、子类名及类的请求参数，并将其转换成对应的请求，最终返回数据。

❑ load_feature 方法用于将 feature 中的父类、子类转化成字典列表及参数，并返回到前端。

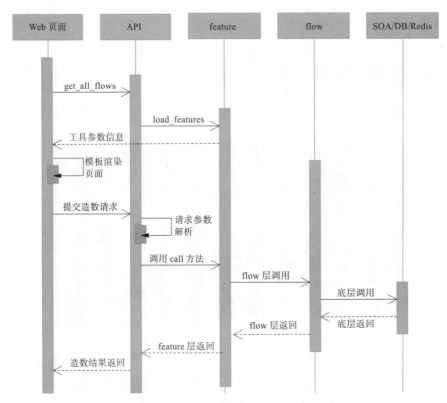

图 10-5　造数工具时序图（见彩图）

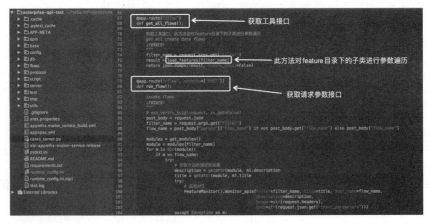

图 10-6　接口代码示例

下面就来介绍 load_feature 方法的实现。图 10-7 所示的是工具类转换成 API 代码的截图。

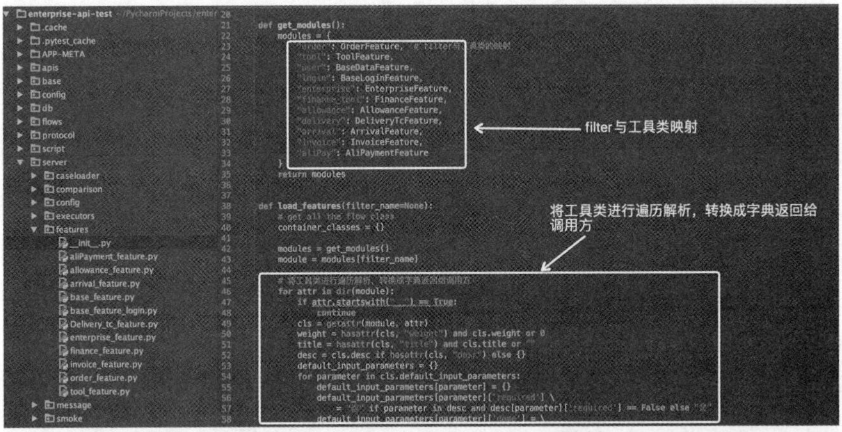

a)

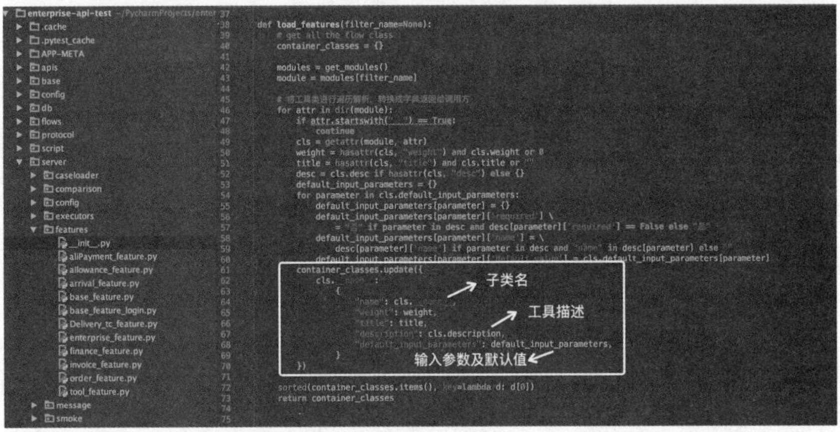

b)

图 10-7　工具类转换 API 代码截图

图 10-7 所示的是后端工具类转化成接口参数的过程，那么前端是如何消费的呢？

基于 Vue 框架编写的参数化模板网页使用了 Vue 框架语法糖。图 10-8 所示的是前端代码模板图。

前端代码嵌入了大量的变量和参数，以方便页面根据服务端返回的数据集进行动态实时生成，这一点完美地契合了造数工具的需求。

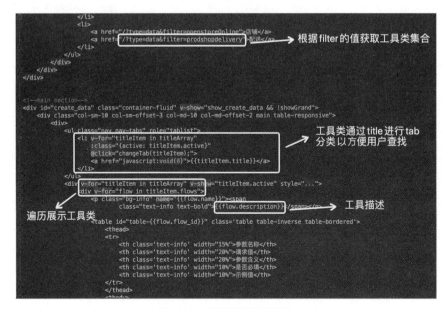

图 10-8　前端代码模板图

由此，数据工厂大功告成，它具有如下优点。

- 可集成到测试框架，从而可以直接复用测试用例的强大造数能力。
- 前端代码基本上只有首次开发量，后续增加工具不再依赖前端，因此可以防止前端开发影响工具进度。
- 后端模板固定，QA 接入成本低廉，开发效率高。

值得一提的是，因为 Flask 框架是轻量级非异步框架，所以每次并发请求的时候会按序处理，前一个请求不结束，后一个请求就会一直处于等待（hold on）状态。为了解决这个问题，我们会在后面将 Tornado 集成到服务里。目前，Flask 框架支持 50 个请求同时并发，这对于造数效率来说无疑是一次革命性的提升。

我们不但为数据工厂赋予了造数能力，同时又适时扩展了数据工厂的排障属性，并将这套框架推广到运营部门以协助排查线上问题，得到了运营同事的积极反馈，解决了很多排障工具需求相关的问题。

目前，这套框架已经为饿了么 B 端及企业订餐多个部门的造数工作带来了极大的便利，为 QA 人员、开发人员及产品运营人员提供了快捷简易的造数和排障功能体验！

10.4　数据工厂服务化的思考

其实，数据工厂 1.0 阶段就已经能够满足现有的造数需求了，但是如果你是一个追求极致、精益求精的人，那么你会发现又会有新的问题出现，具体如下。

- 对于环境不稳定的情况应该怎么办？（实时调用和实时造数终究都避免不了这个问题。）
- 对于那些确实存在链路很长、造数复杂问题的数据，时间来不及怎么办？
- 对于那些不用的工具，能不能淘汰掉？（这种数据既占用位置又影响使用效率。）

这里就会涉及数据工厂 2.0（服务化）的概念了，要想弱依赖（长久来看，不依赖是不可能的，因此此处表述为弱依赖）外部环境，数据工厂就要有自己的一套数据更新和存储机制，也就是数据服务。

将所有的造数数据都提前准备好，就像蓄水池一样，平时保持着水满的状态，当外部有需求的时候，直接从蓄水池取水即可，而当蓄水池不满的时候自动补水。数据工厂就是这样的蓄水池。

如果外部环境不稳定，那么我们可以直接使用数据工厂来存储数据，而达到弱依赖外部环境的效果。

当前我们还处于数据工厂 1.0 时代，升级到数据工厂 2.0（服务化）阶段的紧迫性不是太强，后续我们会积极向这方面探索。

10.5　本章小结

效率的提升并非一蹴而就或者一朝一夕就能完成的，而是一个不断探索前行的过程。新问题出现时，也是进行新一轮优化的契机，优化的过程同时也是技术和框架不断完善、效率提升、QA 能力提高的过程。

第 11 章

持续集成

自动化用例开放一段时间后，我们发现开发人员使用自动化用例的频率逐渐在下降，有的是因为脚本不稳定，有的则纯粹是忘记了，还有的是因为不习惯使用自动化用例进行回归。为了解决和推进自动化用例的全面落地、加快交付的节奏、提高交付的质量，我们开始着眼于第二步，即持续集成（Continuous Integration，CI），自动触发回归，解决需求创建到项目发布过程中遇到的构建、协同、集成和测试等问题，提高团队的持续交付能力。我们 QA 人员致力于构建一套持续集成体系来提高团队的交付效率。

11.1 持续集成是什么

持续集成是一种开发实践，即团队开发成员频繁地集成他们的工作，将代码合并到主干上。通常每个成员每天至少集成一次，这就意味着每天可能会集成多次。持续集成会自动构建应用（包括编译、发布、自动化测试），并运行自动化单元测试来验证这些更改，从而确保这些更改没有对应用造成破坏。当然除了自动化单元测试之外，在质量控制中，通常还会使用集成测试、静态代码扫描等方式来简化手动质量控制。

与持续集成密切相关的，还有两个概念：持续交付和持续部署。

持续交付指的是频繁将新版本软件交付给质量团队或用户。在持续交付过程中，每个阶段都要自动进行版本构建及测试，并在流程完成后直接部署到生产环境中。

持续部署作为持续交付的延伸，主要用于将生产就绪的构建版本自动部署到生产环境中。而在部署之前，需要对代码进行管控，因此为了保证持续部署的有效性，测试覆盖率必须非常接近100%，只有在通过所有测试之后，才会自动部署到生产环境中。

11.2 持续集成前后实践的对比

企业订餐团队在开发过程中遇到了不少棘手的问题，具体列举如下。

- 问题暴露时间较晚，质量反馈滞后。
- 业务交付的响应时间快速增长。
- 开发服务越来越多，多分支开发成本大大增加。
- 大项目影响面广，无法精确评估测试范围。
- 多分支开发合并冲突问题严重。

为了解决以上问题，我们对比了原有的迭代流程，以便优化持续集成的实践路径。

1. 原有的迭代流程

以往开发人员开发完代码之后，在进入提测环节才会交付给测试人员进行自动化验证，测试人员完成测试验证后在预发环境中发布代码，并完成预发回归验证，最后发布上线。

持续集成前的整个流程如图11-1所示。这种模式存在许多问题，具体列举如下。

- 质量保障滞后，无法在开发前期对质量进行管控。
- 只有在提测阶段才介入测试，项目自由度降低，对后期需求进行调整的风险较大。
- 没有测试准入规则，无法对项目代码进行质量控制。

图 11-1 持续集成前的研发模式

2. 现有的迭代流程

基于以上问题和风险,我们运用持续集成模式,使用自动化流程来更快、更频繁、更可靠地构建、测试和发布软件,在整个开发项目周期中引入代码准入规则与自动化套件,从而完善对质量的控制。持续集成后的整个流程如图 11-2 所示。这种模式的优势与特点非常鲜明,具体说明如下。

- 提交代码时,由持续集成进行代码扫描、单元测试和安全检查。
- 接入 Doom、Sonar,自动化集成测试(星盘大阵测试平台)可以提供丰富的自动化测试件。
- 在代码关键点建立代码准入规则,完善触发原则,实时通知和反馈响应。
- 质量控制在整个集成构建过程中可以起到持续检查、持续测试的作用,从而可以确保所发布的代码都是经过验证的。

图 11-2 持续集成后的研发模式

在持续集成上进行实践,可以使质量保障深入覆盖整个开发周期,并通过自动化的方式保障项目各个环节的质量。图 11-3 所示的是持续集成的实践过程。

持续集成的实践过程具体说明如下。

1)运行自动化用例,我们需要建立不同维度的自动化用例库,搭建用例运行的集成环境。通过集成环境运行单元测试用例、接口测试用例、流量录入用例(流量测试见本书探索篇），建立丰富的测试用例套件来实现测试的自动化。

2）对于不同属性的测试类型，需要在测试用例中执行并完成测试，对测试结果进行分析后，需要使用通知功能自动发给相关的开发及测试。

3）深入挖掘代码本身的质量问题，引入 Sonar 对代码进行扫描，排查代码的质量问题。

4）推进单元测试环节，进一步深入执行代码的单元测试，以确保质量问题。

5）设立代码准入规则，对代码进行提交、合并等操作时，对每个节点进行自动化检查，设立集成运行代码准入规则。在对开发分支进行合并时，触发设立的代码准入规则进行自动化验证，如代码扫描、单元测试、冒烟自动化用例、流量回放用例等。根据测试结果进行分析，如果不符合评分标准（如代码扫描或单元测试覆盖率未达到80%，覆盖率的具体数值可以根据开发接入的程度进行调整），打回重新修改。

6）为了进一步提高开发与测试的迭代效率，集成发布系统触发并运行持续集成。通过接入发布系统，与发布系统进行联动，在开发分支合并时触发持续集成测试，测试结果通过后自动发布。

图 11-3　持续集成的实践过程

11.3　持续集成全景

持续集成即代码的零库存管理，应使代码尽早提交，feature 分支尽早集成，功能尽早测试，代码尽早得到反馈。代码库存一旦积压，就会得不到相应的反馈。代码积压越多，代码间的交叉感染机率就会越大，下一轮迭代的复杂度和风险就会越高。根据上述思路，企业订餐的持续集成建设及优化思路主要可以从研发模式、代码准入、自动化回归方案等几个方面进行实践，如图 11-4 所示。

从图 11-4 中我们可以看到，企业订餐持续集成贯穿了软件的整个生命周期，衔接了各个关键节点，对代码及时进行集成验证和评估，是为保障企业订餐软件质量而设计的一套体系。

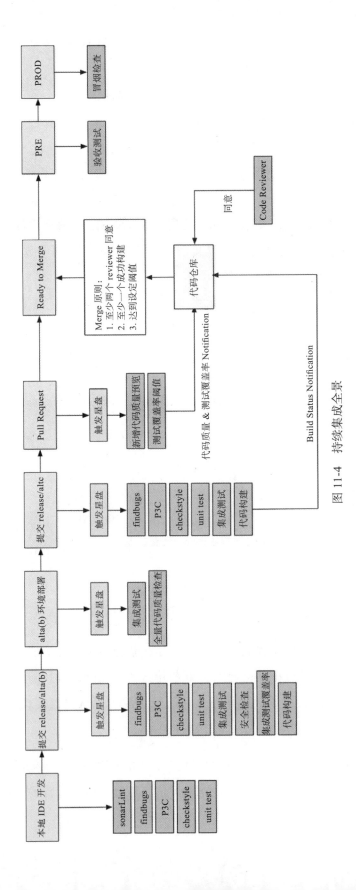

图 11-4 持续集成全景

11.3.1 研发模式

在持续集成实践的过程中，代码分支管理起着非常重要的作用，与软件开发中的其他实践一样，分支管理并没有普遍使用的最佳方法，只有对项目和团队而言最优的方法。下面就来简单介绍几种常见的分支管理方式以及企业订餐的分支实践。

1. 单主干

单主干的分支实践在 SVN 中比较流行。主干开发（Trunk-Based Development，TBD）的特点是所有团队的成员都在单主干分支上进行开发，当需要发布时，可以使用 tag 的某个提交（commit）来作为发布的版本。如果 tag 不能满足需求，就从主分支创建发布分支，hotfix（漏洞修复）在主分支中进行，再 cherry-pick（拣选）到发布分支。这样做的缺点也非常明显，由于所有的开发都在主分支上进行工作，因此团队需要合理分配，并进行充分的沟通，以保证降低冲突的发生概率。

2. GitHub Flow

GitHub Flow（GitHub 流）是 GitHub 所用的代码管理流程。主（master）分支包含稳定的代码，任何人都不能将未测试或者未审查的代码提交到主分支上。任何修改都要在单独的分支中进行。当功能完成后，需要提交请求（pull request），由团队中的其他人进行审查并提出相关修改意见，然后对其进行自动化测试，测试全部通过后再合并到主分支。这样做的优点非常明显，只需要维护两个分支即可，具体来说就是只需要在主分支上创建分支，最后再合并回主分支。

3. Git Flow

在该模式中，代码仓库长期维护两个分支，主分支和集成分支。主分支用于存放线上的稳定版本，任何时候从主分支上获取的分支，都是稳定的线上版本。集成分支用于完成各个功能的集成测试和发布，发布完成后再合并回主分支。此外，该模式还要维护三个短期分支，分别是：feature 分支、hotfix 分支、release 分支。该模式的优点是：各分支用途明确，能够满足新功能开发和持续集成的诉求，可随时交付。当然，该模式也存在缺点，即集成时间滞后，在 feature 分支未完成之前不能轻易合入集成分支。

这一点违背了尽快提交代码的原则，导致容易出现大范围的代码冲突。另外，feature 分支一旦合入就很难分离出来，分支关系异常复杂，如有 hotfix 修改则需要多次进行 cherry-pick。

4. 自定义 Flow

在自定义 Flow 模式中，代码长期维护主分支和 release 分支（区分各测试环境），主分支对应于线上最新的稳定版本，release 分支则对应于各个环境正在测试的分支，开发人员可从主分支创建 feature 分支，如图 11-5 所示。feature 分支开发完成后，需要测试时再提交至 release 分支或 alta 分支进行测试，测试完成后提交至 release 分支或 altc 分支进行回归，最后合并至主分支。自定义 Flow 模式的优点是保留了 feature 分支，更容易上手，且灵活的 feature 分支特性使得集成后也更容易摘离。自定义 Flow 持续集成的频率也更高，在环境分支中每天都会有多次集成。

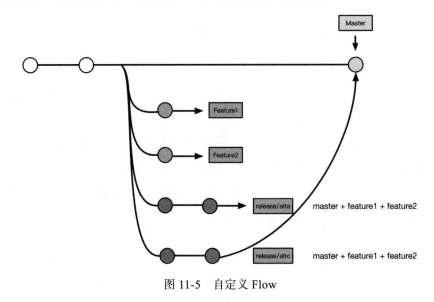

图 11-5　自定义 Flow

11.3.2　代码准入

对于持续集成来说，由于需要频繁进行集成，因此对新增代码的要求会比较高，将不符合阈值的代码合入稳定分支对我们来说是一种风险。目前，代码准入检查主要包括如下内容。

- 代码静态扫描。
- 单元测试。
- 代码审核。
- 接口和服务的自动化测试。
- Doom 流量回放测试。

如图 11-6 所示，代码准入原则如下。

- 单元测试：提交代码的所有准入点，都需要单元测试来保障当前代码功能的准确性。
- 代码扫描：提供了增量扫描和全量扫描两种模式，feature 分支合入 alta 时，需要进行增量扫描，规则请参见第 12 章中的相关内容。altc 合入主分支时需要进行全量扫描。
- 自动化测试：自动化测试在 alta/altb 中进行，包括 API 测试和 SOA 服务层的测试。
- 代码审核：在合入主分支之前，需要审核代码。原则上至少需要 2 位以上审核者同意，代码才能合入主分支。
- Doom 流量回放：对于已经沉淀了流量回放的用例，需要在 alta/altb 上定时进行回放测试。

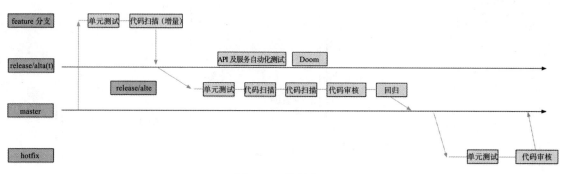

图 11-6　代码准入

11.3.3　自动化方案

代码准入的自动化流程依托于星盘（企业订餐内部的质量平台）提供的事件触发机

制,现阶段我们将重点关注 API、服务层、流量回放等。目前我们的做法具体如下。

- feature 分支合入环境分支阶段,根据提交代码的影响面,推荐利用测试用例来进行自动化测试,其中主要包括接口自动化用例、增量代码扫描用例、流量回放用例等。
- 测试环境分支部署阶段,为了确保测试环境的稳定性,环境每次发生变更时,都会进行一次全量的 API 自动化用例测试和流量引流测试。

图 11-7 所示的便是持续集成的一次日常使用流程。

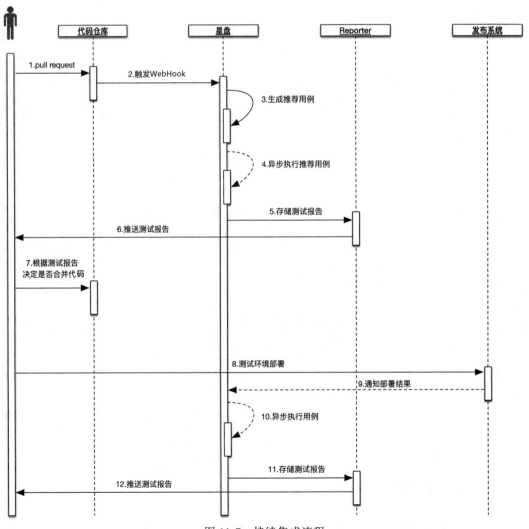

图 11-7 持续集成流程

1. 自动化套件集成

为了自动触发验证流程，以便在代码发生变更时能够实时响应验证，我们建立了自动化平台服务（星盘大阵），通过星盘来管理与配置自动化测试套件的运行与存储。

（1）测试套件配置

1）通过星盘创建多维度测试用例集。我们通过星盘配置不同的测试套件作为测试用例集，以提供测试服务。图 11-8 所示的是测试任务的配置界面。

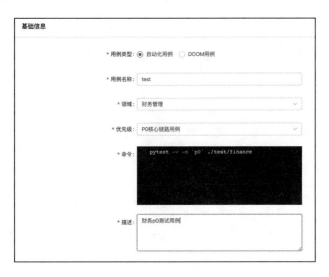

图 11-8　测试任务配置

2）为测试用例配置触发策略。我们可以通过定时触发、手动触发、自动触发等多种模式来控制测试用例的执行。图 11-9 所示的是测试任务触发策略的配置界面。

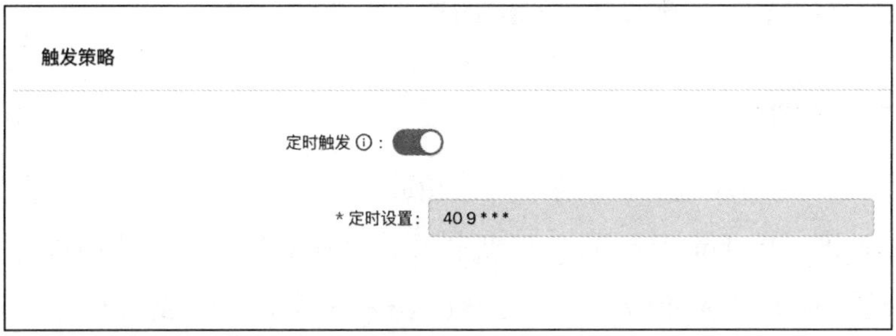

图 11-9　测试任务触发策略

3）任务的通知方式。可以通过钉钉或者邮件等触达方式，对测试结果与分析进行实时同步通知。图 11-10 所示的是测试任务通知策略的配置界面。

图 11-10　测试任务通知策略

4）对当前正在运行或者触发运行的任务进行实时反馈与记录。图 11-11 所示的是查看测试任务运行详情的界面。

图 11-11　测试任务运行详情

5）测试报告。自动化测试套件完成验证之后，可以通过 Allure 报告插件来完成测试报告数据的创建，并且通过 OSS（Object Storage Service，对象存储服务）对测试报告与日志进行云存储，以实现报告与日志的持久化存储。

（2）测试任务调度

完成自动化任务的配置管理之后，我们接入 jenkins-api，从测试平台管控 Jenkins 自动化任务的调度。Python Jenkins API 提供了许多便利的功能，我们可以通过 python-jenkins 来自动管理 Jenkins 任务，可使用 Jenkins 开源 API 完成 python-jenkins 的调用（https://python-jenkins.readthedocs.io/）。

下面介绍一下如何进行 Jenkins 任务的创建。

根据不同的业务要求，创建的 Job 共包含两个核心功能，一个是对 Shell 命令参数化的功能（可参数化代表可以使用 Shell 命令创建任意自动化任务），一个是定时运行功能（可在任意时间定时运行任务）。

1）创建 Job 需要用到 Jenkins 模板，可以创建一个 xml 模板文件，将我们需要配置的信息写在 xml 中，通过 get_job_config 方法获取 Job 的配置，此方法将返回一个 xml 配置文件，我们可以将 xml 作为创建 Job 的初始模板。

2）参数化初始模板中的 credentialsId、Shell command、git url。参数化 credentialsId 是因为不同的 git_url 配置需要使用不同的凭证鉴权。Shell command 可以通过自定义创建命令来执行自动化内容。参数化模板代码具体如下。

```xml
<scm class="hudson.plugins.git.GitSCM" plugin="git@3.5.1">
    <configVersion>2</configVersion>
    <userRemoteConfigs>
        <hudson.plugins.git.UserRemoteConfig>
            <url>{{ git_url }}</url>
            <credentialsId>{{ credentials_id }}</credentialsId>
        </hudson.plugins.git.UserRemoteConfig>
    </userRemoteConfigs>
    <branches>
        <hudson.plugins.git.BranchSpec>
            <name>*/master</name>
        </hudson.plugins.git.BranchSpec>
    </branches>
<doGenerateSubmoduleConfigurations>false</doGenerateSubmoduleConfigurations>
    <submoduleCfg class="list"/>
    <extensions/>
</scm>
<canRoam>true</canRoam>
<disabled>false</disabled>
<blockBuildWhenDownstreamBuilding>false</blockBuildWhenDownstreamBuilding>
<blockBuildWhenUpstreamBuilding>false</blockBuildWhenUpstreamBuilding>
<triggers/>
<concurrentBuild>false</concurrentBuild>
<builders>
    <hudson.tasks.Shell>
        <command>
            {{ command }} --alluredir ${WORKSPACE}/${BUILD_NUMBER}/allure
        </command>
    </hudson.tasks.Shell>
</builders>
```

3）创建和维护任务可以通过自定义 job_name 和可配置的 config_xml 调用 create_job 和 reconfig_job 来创建及更新 jenkins_job。

那么，我们应该如何来获取任务的调度状态和任务信息呢？

任务调度状态、调用信息可以通过 Jenkins 提供的 API 获取，可以根据 jobName（任务名称）和 buildNumber（构建数）来获取本次任务的运行结果、下一次构建的编号、控制台信息，以及开始或停止构建的状态。

那么如何定时触发构建任务呢？

定时任务可以通过平台配置定时任务的形式触发 API 的构建。在平台中创建任务时，我们可以控制需要定时运行的场景，在后台创建定时任务，然后将定时任务绑定构建在此任务的 API 上，当触发 celery 定时任务时，我们可以使用 build_job 方法调度需要运行的自动化任务。

现在，我们已经可以不用进入 Jenkins 界面，而是直接使用 API 对 jenkins_job 完成调度，测试平台集成 Jenkins 之后，可以由业务场景触发 Jenkins Job 完成构建。比如，在组装完一个业务线的场景用例之后，我们可以直接在平台中创建此场景的运行命令，后台在接收到请求之后，调用 create_job 完成任务的创建操作，并且可以通过不同的测试维度自由触发需要运行的测试用例，或者代码扫描任务。

2. 构建消息通知服务

在完成运行自动化测试套件的任务之后，我们需要将测试结果实时同步给关心此业务的开发人员和测试人员，同时记录每次运行的结果并进行分析，向相关人员提供质量反馈，因此我们需要构建消息通知服务。接下来就为大家分享如何构建消息服务，以及我们构建时的一些思考。

（1）传统邮件消息通知

传统的消息通知方式是使用邮件服务，如 POP3、IMAP、SMTP 等。在多场景化的测试需求中，我们对测试报告的要求随时会变，所以需要定制化实现各种通用或者独有的模板，作为测试报告的通知，实现步骤具体如下。

1）确定模板需要突出展示的结果，如用例名称、成功次数、失败次数、报告详情链接等信息。

2）编写简单的 HTML 模板，定制出符合要求且美观的报告模板，同时将具体结果参数化。

3）创建邮件调用服务的接口，通过不同的业务触发所需的报告模板。

4）使用 Jenkins 回调服务的接口，完成业务流转以及业务报告触发的操作。

完成以上四步操作，我们就能快速完成自动化测试，并且实时同步报告。

（2）消息通知服务化

传统邮件触发的消息在实时性、交互性、友好度方面都不尽如人意，我们希望能有一个快速交互、实时反馈的信息触达，同时又能通过业务状态控制需要触发消息的类型。因此我们引入了第三方服务，对消息通知进行了升级。消息通知服务化最大的优势在于对质量管理、任务触达、实时反馈的所有事务都可以进行触发，从而可以实现统一管理服务并进行调用。

第三方消息可以选择许多开放性的平台，如企业微信、钉钉等，在这里我们以钉钉为例进行说明。

接入钉钉开放平台，以工作通知的形式，将测试结果实时推送给相关的开发人员或者测试人员。

创建通知模板，配置 Markdown 文本，参数化其中需要突出显示的测试结果。我们既可以使用与邮件相同的形式，又可以根据业务定制不同的报告模板。实现代码如下。

```
msg = {
"msgtype": "markdown",
"markdown": {
"title": "测试报告通知",
"text": "<font color=#E2310B>测试报告</font>\n\n" +
content +                    # 报告正文
"![](notice.png)"
}}
```

上述代码中，msg 作为通知内容模板，使用 Markdown 格式编写。title 是通知文案的小标题，text 用于放入固定的模板内容。content 是参数，可以根据每次的具体测试结果变化输出的文案。

11.4　本章小结

我们团队的持续集成才刚起步，希望持续集成能对团队开发模式的转变起到积极的作用。实践持续集成的目的是尽早发现问题，在最短的时间内解决问题，降低风险，减少资源浪费，使程序时刻处于可工作的状态。我们要利用测试套件服务的能力来保障质量，落实集成测试的流程推动。做好持续集成是敏捷开发中快速迭代的重要保证。

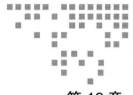

第 12 章

代 码 质 量

在第 11 章讲解集成测试时，我们提到过代码质量的问题。本章主要讲解我们在代码质量改进上的思路。

软件质量是软件行业健康发展的保障，是所有相关利益者都关心的问题。软件质量分为外部质量和内部质量，外部质量主要关注软件是否能够满足外部功能需求，内部质量则着眼于软件内部的设计和实现。众所周知，软件的成本大多数来自软件的维护，根据各软件内部质量的不同，维护成本也存在着相当大的差异。如果内部质量不高，那么轻则导致工作的延迟，重则会间接导致外部质量差，维护成本高。因此，我们需要通过一种方法，明确将代码质量的所有权交还给研发团队，以便可以在研发阶段强调内部质量，并生成一条有效的回馈路径，确保代码质量问题能得到快速有效的解决。

12.1 代码质量背景知识

代码质量是一组由业务确定的不同属性和要求，并且已经确定好了代码修复的优先级。以下所列举的是用于确定代码质量的主要属性。

❑ 清晰度：即使不是代码创建者，也可以轻松地阅读和维护代码。如果代码易于理解，就可以轻松地对代码进行维护和扩展。
- 可维护性：可维护性对于高质量的代码非常重要，如果要进行任何修改，那么修改该代码的人都必须了解该代码的整个上下文。
- 注释：强烈建议在代码中添加必要的注释，以解释其作用和功能，以便于非代码作者也能够很容易地理解和维护代码。
- 重构：代码风格必须保证一致，并遵守该语言的编码约定。
- 充分测试：Bug 越少，代码的质量就越高。全面的测试可以过滤出关键流程上的错误。
- 可扩展：代码必须是可扩展的。接到新需求后抛弃原有的代码重新开始编写新需求的代码并不是一个好习惯。
- 效率：高质量的代码不会使用不必要的资源来执行所需的操作。

代码质量好并不一定意味着要满足上述所有的属性，但是满足的属性和要求越多，质量就会越好。

12.1.1 怎样衡量代码质量

有人说，代码质量的好坏取决于代码评审时每分钟说多少次 WTF（如图 12-1 所示）。

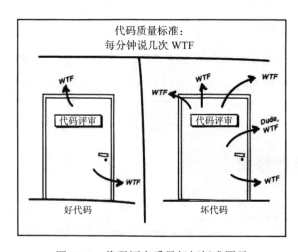

图 12-1 代码评审质量好坏标准图示

那么，我们到底是如何衡量代码质量的呢？代码评审时，要考量的具体内容如下。

1. 可靠性

可靠性衡量的是系统在特定的操作期间内无故障运行的可能性，涉及缺陷的数量和软件的可用性。

可以通过静态分析工具来测量缺陷的数量，使用平均故障间隔时间（MTBF）来衡量软件的可用性。低缺陷数对于开发可靠的软件系统来说尤为重要。

2. 可维护性

可维护性衡量的是软件维护的难易程度，涉及代码库的大小、一致性、结构和复杂性。源代码是否可维护取决于多个因素，例如可测试性和可理解性。

不能强行使用某一个指标来衡量可维护性，可以考虑加入提高可维护性的一些指标、样式警告、复杂性的度量等。自动化和人工代码审核对于开发可维护性的代码库都是必不可少的。

3. 可测试性

可测试性衡量的是软件对测试工作的支持程度。它取决于你如何控制、观察、隔离和自动化测试等。

可以根据旧系统中潜在缺陷所需的测试用例数量来衡量可测试性。软件的大小和复杂性也会影响可测试性。因此，在代码级别检查圈复杂度（Cyclomatic Complexity）有助于提高软件的可测试性。

4. 可移植性

可移植性用于衡量软件在不同环境中的可用性，它与平台独立性有关。

虽然没有特定的可移植性度量属性，但是，有几种方法可以确保代码的可移植性。需要注意的是，要在不同的平台上同步测试代码，而不是等到开发结束之后才测试。

5. 可重用性

可重用性用于衡量现有代码是否可以再次使用。如果代码具有模块化或者松耦合等特性，那么代码将更易于重用。

可重用性可以通过相互依赖的数量来衡量。静态分析工具可以帮助识别相互依赖性。

12.1.2 糟糕的代码

什么样的代码是糟糕的代码？下面我们举例说明一下。

1. 没有关闭资源的代码

没有正确地关闭资源，导致资源泄露，应用程序速度变慢，甚至导致应用程序崩溃。

没有关闭资源的糟糕代码示例如下。

```
private void readTheFile() throws IOException {
    Path path = Paths.get(this.fileName);
    BufferedReader reader = Files.newBufferedReader(path, this.charset);
    // ...
    reader.close();  // Noncompliant
    // ...
    Files.lines("input.txt").forEach(System.out.println); // Noncompliant: The
        stream needs to be closed
}
private void doSomething() {
    OutputStream stream = null;
    try {
        for (String property : propertyList) {
            stream = new FileOutputStream("myfile.txt");  // Noncompliant
            // ...
        }
    } catch (Exception e) {
        // ...
    } finally {
        stream.close();  // Multiple streams were opened. Only the last is closed.
    }
}
```

改正后的代码应该如下。

```
private void readTheFile(String fileName) throws IOException {
    Path path = Paths.get(fileName);
    try (BufferedReader reader = Files.newBufferedReader(path, StandardCharsets.
        UTF_8)) {
        reader.readLine();
        // ...
    }
    // ..
    try (Stream<String> input = Files.lines("input.txt"))  {
        input.forEach(System.out::println);
    }
}
private void doSomething() {
    OutputStream stream = null;
    try {
        stream = new FileOutputStream("myfile.txt");
        for (String property : propertyList) {
            // ...
        }
    } catch (Exception e) {
        // ...
    } finally {
        stream.close();
    }
}
```

2. 无限循环的代码

无限循环是指在程序运行时永远不会结束循环,必须通过结束程序才能退出循环。

无限循环的糟糕代码示例如下。

```
for (;;) {  // Noncompliant; end condition omitted
    // ...
}

int j;
while (true) { // Noncompliant; end condition omitted
    j++;
}

int k;
boolean b = true;
while (b) { // Noncompliant; b never written to in loop
    k++;
}
```

改正后的代码应该如下。

```
int j;
while (true) { // reachable end condition added
    j++;
    if (j == Integer.MIN_VALUE) {  // true at Integer.MAX_VALUE +1
        break;
    }
}
int k;
boolean b = true;
while (b) {
    k++;
    b = k < Integer.MAX_VALUE;
}
```

12.2 构建代码质量体系

代码质量体系主要包括如下内容。

- 统一管理代码规范：这里使用 SonarQube 进行代码规范集的统一管理，同一类项目使用同一套规则集，并支持统一更新。
- 持续集成：统一持续集成服务，不允许静态扫描不通过的代码合并到主分支中。
- 度量：根据 AppID 进行维度度量，并比较各 AppID 之间的各个维度。

代码质量体系构建可分为以下 3 个阶段。

- 标准化：这是建立体系的基础，主要包括代码规范、风格规范、SQL 规范的标准化。各团队的情况不同，所以建立标准化的契机也各不相同。以我们团队的情况来说，标准化的建立是根据 SonarQube 规则演变而来的，抛弃误报、无用的规则，再结合 P3C 和自定义的规则，从而形成标准化规范。
- 数据化：有了标准化规则，我们还需要知道各个 AppID 正处于什么样的水平。因此，每周需要统一收集代码质量数据，包括 Bug 数据、坏味道数据、重复率数据等。
- 流程化：出了问题后，只进行修改是不够的，还需要在源头上杜绝新增问题。所以我们在代码流动的过程中加入了代码质量检查的时机，分别是编译时、构建时、提交时、发布时。

12.2.1 为什么选择 SonarQube

1. 关于 SonarQube

SonarQube 是一个开源的代码质量分析平台，与 Understand、Semmle 等工具一样属于静态代码分析工具。SonarQube 平台以源码为输入源（来自 IDE 或者 SCM），基于输入和平台预定义的规则，检查代码质量是否能达到预期。与此同时，SonarQube 也提供了许多有用的信息和改进建议。

SonarQube 由分析器、服务器、客户端及数据库组成，如图 12-2 所示。

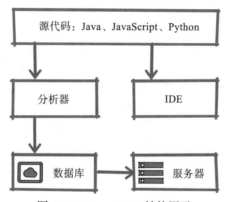

图 12-2　SonarQube 结构图示

分析器负责对代码进行逐行分析，并提供有关技术债、代码覆盖率、代码复杂性、检测到的问题等信息。分析完成后，可以在 SonarQube 服务器托管的网页上查看结果。

Web 服务器简化了 SonarQube 的实例配置、插件安装等过程，并提供了直观的结果概述。图 12-3 所示的是 SonarQube 的面板截图。

2. 选择的理由

我们之所以选择 SonarQube，除了因为它集成了主流的几款静态分析器之外，还因为它有一些不可替代的优点，具体说明如下。

- ❑ 大量 Java 规则：SonarQube 集成了 PMD、FindBugs、Checkstyle 等规则。
- ❑ 多语言支持：SonarQube 支持对 20 多种编程语言进行静态分析。

- 可插件化：SonarQube 可以自定义属于自己的规则。
- 丰富的 API：SonarQube 很容易就能拿到自己想要的质量数据，以便于与其他系统进行集成。

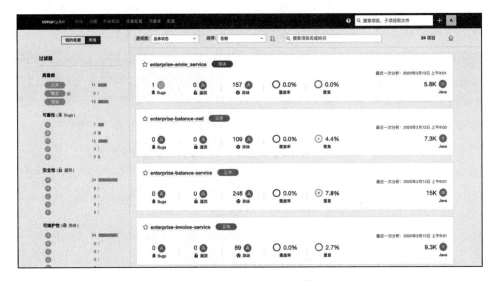

图 12-3　SonarQube 面板

3. 安装 SonarQube

SonarQube 允许数据库和服务器分离，甚至可以在多台计算机上进行数据库的安装和服务器的部署，以获得更好的性能和可扩展性。部署 SonarQube 时，我们使用 Docker 容器来连接外部数据库。如果需要更好的性能，也可以在其他服务器上部署。

4. 持续集成

团队更关注自动化，因此会尽量减少人工投入，尽可能提供更多的创造性工作，代码分析也完全符合持续集成/持续交付的节奏。

如图 12-4 所示，首先，项目负责人为开发人员分配迭代任务，在任务开发过程中，在 IDE 中一次次地运行代码分析并得到结果，检查代码是否满足代码质量要求。当开发人员确信代码没有问题之后，将代码提交至代码仓库。代码仓库的 Web 钩子触发 SonarQube 扫描任务，若扫描结果符合代码质量要求，则部署至测试环境。

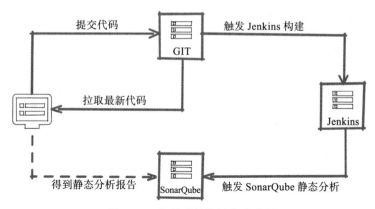

图 12-4　代码质量持续集成流程

使用 SonarQube 有助于控制代码质量，并减少实际存在和潜在的错误数量。研发人员更愿意将时间花在业务需求分析上，并为其寻找最佳的解决方案，因此他们通常会忽略代码质量，导致代码越来越难以维护，隐藏和暴露的问题越来越多。

5. SonarQube 规则的介绍

作为分析的一部分，SonarQube 将代码与一组规则进行比较。违反规则时，会对发生问题的代码标记严重级别。严重级别通常用于表示问题的严重程度，包括 Blocker、Critical、Major、Minor、Info。

严重性属性是附加在规则上的，而不是附加在问题本身上。因此，你不会看到 SonarQube 将规则 A 的一个问题标记为 Blocker，将规则 A 的另一个问题标记为 Major。

我们可以将问题（issue）分为 6 大类进行讨论，具体如下。

- ❑ 程序中的 Bug。
- ❑ 程序中潜在的 Bug。
- ❑ 程序中潜在的错误。
- ❑ 将来可能导致程序出现错误的问题。
- ❑ 效率低。
- ❑ 风格不一致。

接下来,我们将逐一研究 6 类问题,并通过实例来解释为什么它们很重要。

(1)程序中的 Bug

Bug 是最糟糕的错误,这种类别的问题肯定是严重问题。如果尚未出现,那是因为还没有注意到。

程序中的具体 Bug 如下。

- 逻辑错误导致的空指针异常。
- 没有关闭文件或者数据库连接。
- 多线程中的错误行为。
- 用于检查相等性的方法,总是返回 false 或者 true。
- 对不可能转换的类进行强制转换。

Bug 问题不容小觑,小 Bug 可能引起资源无法关闭,导致系统性能下降,严重的 Bug 则可能令程序崩溃。如图 12-5 所示,当传入的 str 为 null 时,程序将彻底崩溃。

```
public int getLength(String str) {
if (str == null)
        return str.length();
return 0;
}
```

图 12-5　程序中的 Bug 示例

(2)程序中潜在的 Bug

与 Bug 一样,潜在的问题通常在满足某种条件的情况下才会发生。如图 12-6 所示,该代码段在某些时候是可以正常工作的,并不会引发崩溃,但是如果发生了异常,那么此代码就会像筛子一样导致资源泄露。

除了潜在的资源泄露问题之外,潜在的错误类别还包括如下几项内容。

- 潜在的空指针异常,仅在某些情况下才会发生。
- 数学运算使用了错误的精度或者失去了精度。

```
//此处抛出异常
FileOutputStream fos = new FileOutputStream(webxml);
byte bug[] = new byte[512];
while(true) {
    int n = fis.read(buf);
    if (n<0){
        break;
    }
    fos.write(buf, 0, n);
}
fis.close();
fos.close();
webxml.delete();
```

图 12-6　程序中潜在的 Bug 示例

（3）程序中潜在的错误

与前面两个类别的问题不同的是，该类问题并不能保证一定会引发某种问题。以图 12-7 所示的代码为例，我们可以看到，条件检查判断日期是否为星期二，然而在括号内什么都没有，这就是为什么 SonarQube 将此标记为错误，不是因为出现了明显的错误，而是因为有迹象表明开发人员在此处可能犯了一个错误。

```
public void complexMethod(RequestObject request) {
String day = request.getWeekday();
if (day.equals("Tuesday")) {

    }
}
```

图 12-7　程序中潜在的错误示例

那么，针对上面的这个例子，应该如何修改呢？修改后的代码如下。

```
public void complexMethod(RequestObject request) {
    String day = request.getWeekday();
    if (day.equals("Tuesday") {
        doSomething();
    }
}
```

显然，这个问题是开发人员忘记了要实现条件检查判断后的代码块。程序中比较常见的潜在错误如下。

❑ 进行对象比较时，objects 采用的是 == 或者 !=，而不是采用 .equals() 方法。

- 判断条件使用的是赋值语句而非判断语句，如 if(count=1)，则始终返回 true，而 if(count==1)则不一定返回 true。
- 未使用的成员或者方法。
- 捕获异常后吞下异常，而不是记录或者传递异常。

（4）将来可能导致程序出现错误的问题

这类问题可能是纯粹的样式问题，图 12-8 所示的示例代码就是一个很好的例子。

```
if (day.equals("Saturday") || day.equals("Sunday")
    sleepLate();
```

图 12-8　将来可能导致程序出现错误的事情示例

在图 12-8 所示的这个例子中，无括号也能正常运行。而且很多开发人员都不希望在单行 if 语句周围使用花括号，他们认为这有助于使代码看起来更简洁。比如下面这段程序：

```
if (day.equals("Saturday") || day.equals("Sunday")
    doA();
    doB();
```

这些看起来可能只是样式问题，但是这种背离行业标准的行为会导致有经验的程序员对他们不熟悉的代码做出错误的假设。可能导致将来程序出现错误的还包括如下问题。

- 方法太长且复杂。
- 判断的条件过多。

这类问题会导致你难以正确有效地维护现有的代码，下一类问题则会导致程序难以高效运行。

（5）效率低

效率低的问题并不会阻止程序的正确运行，也不会导致未来可能会出现某种问题，在现阶段或短期内都不必担心。但随着用户数量的增加，这类问题将变得越来越重要，例如下面的问题。

- 不需要的 import。
- 没有使用的成员和方法。

（6）风格不一致

这类问题会导致开发人员将大部分时间都花在阅读代码上。代码风格不一致，在阅读时需要花费大量的额外时间，随着所要阅读的文件数量以及团队中开发人员的数量越来越多，团队效率会降低。

如果放任不管，那么这些问题可能会使代码变得难以维护，更容易发生错误（由于可读性很低、复杂性又很高），并且由于修改成本高，开发人员更不愿意去修改它。

12.2.2 小试牛刀

经过 SonarQube 的首次分析后，我们可能会在仪表盘上看到数百个问题（如图 12-9 所示）。并非每个源代码问题都需要解决，可以通过人工进一步筛选。解决这些问题也是提升软件质量的最快途径。

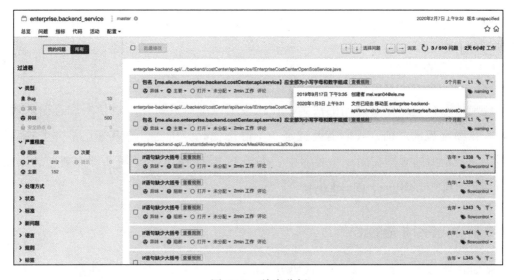

图 12-9　首次分析

从图 12-9 中，我们可以看到项目中所存在的问题，可以根据问题类型、严重程度等在左侧过滤器中对问题进行筛选。右侧显示的是违反的具体规则，以及与其相对应的问题类型和严重程度。在问题详情页（如图12-10所示）中，可以清晰地看到问题所在的行数。对于每个问题，SonarQube不仅会显示问题所在的位置，而且还会显示该问题的上下文，如果通过上下文还不足以理解问题，那么可以点击加载更多源码。默认情况下，SonarQube除了显示问题的内容和位置之外，还可以显示问题是由谁创建的。

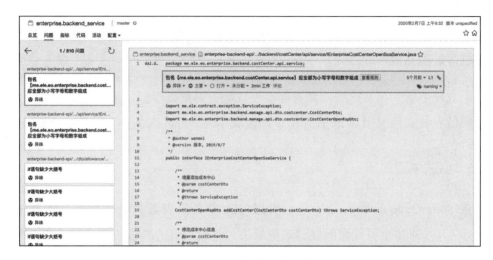

图12-10 问题所在行数

现在知道了如何查找问题，接下来我们就来深入研究问题所在。

12.2.3 规则的取舍

规则是运行、运作所遵循的法则，在这里可以理解成研发人员信服和遵循的代码法则。在筛选规则之前，我们需要选定一个静态代码分析器，这就好比是一个规则的容器，同一类型的规则在同一个容器中。市场上主流的静态代码分析器主要包含三款，分别是PMD、FindBugs、Checkstyle。

1. 静态代码分析器的比较

下面就来对比一下这三款静态代码分析器之间的差别，如表12-1所示。

根据对比我们可以得知，PMD主要用于分析源代码，找出潜在的问题、可能的错误、未使用的和次优的代码块、过于复杂的表达式和重复的代码等。FindBugs与PMD非常相似，最大的区别是FindBugs处理的是字节码，而Checkstyle是一个用于分析编码风格的工具，它不会阻止任何异常，但它会提供代码组合方式的反馈。

表 12-1 三款静态代码分析器的差别

静态分析器	目的	主要检查的内容
PMD	检查源代码中潜在的问题	• 空的 try/catch 语句 • 过于复杂的表达式 • 使用 .equals() 而不是 "==" • 未使用的变量和 import • 不必要的循环和 if 语句 • 强制执行命名约定
FindBugs	基于 Bug 模式，查找字节码中潜在的 Bug	• 不正确地使用 .equals() 和 .hashCode() • 不安全的类型转换 • 返回值总是返回空 • 可能存在的栈溢出问题 • 可能被忽略的异常
Checkstyle	检查源代码是否与事先设定的规范相符	• 缺少 javadoc • 不正确的 javadoc • 大括号和圆括号的位置 • 代码长度 • 命名规范

可以说，PMD、FindBugs 和 Checkstyle 是当今最流行的开源 Java 代码分析器。它们之间虽有大量的重叠，但每一款分析器都可以提供一项独特的服务。理想的静态代码分析器是将 PMD、FindBugs 和 Checkstyle 结合起来，涵盖编程实践的各个方面。

2. 规则的确定

说到要能涵盖编程实践的各个方面，那么到底有没有这种规则集呢？SonarQube 自带的"Sonar way 之 Java 版"就完美地匹配了这一需求。但是，鉴于目前团队几乎是处于从 0 到 1 的阶段，时间成本优先，因此在选择规则时，切忌操之过急。我们将"Sonar way 之 Java 版"中 Bug 部分的规则悉数保留了下来（当然，在后期的规则演进中，也会对其中的部分规则进行取舍），其他的都排除在外，原则是在有限的时间内做对团队来说价值最大的事情。再后来，PMD-P3C 的规则进入了大家的视线，基于 PMD 开发的 Java 代码规约扫描插件，分别涉及并发、集合、命名、OOP、异常、代码注释等。我们觉得有信心、有余力来应对这部分规则。最后，我们的规则集变成了"Sonar way 之 Java 版"Bug 规则与 P3C 部分规则的综合。

当然，我们也对 P3C 的规则进行了筛选，排除的规则基本以违反注释、javadoc 规范等为主（原因是这些规则与现阶段团队目标存在冲突），排除规则具体如下。

- 规则 1：类、类属性、类方法的注释必须使用 javadoc 规范，使用 "/** 内容 **/" 格式，不得使用 "//xxx" 方式和 "/*xxx*/" 方式。
- 规则 2：方法内部单行注释，在被注释语句上方另起一行，使用 "//" 注释。方法内部多行注释，使用 "/* */" 注释。
- 规则 3：方法代码长度应该少于 80 行。

12.2.4 落地节奏的敲定

企业订餐团队目前的业务主要集中于 ToB，接入企业的数量逐日增加，随之也带来了各种各样的业务需求和技术改造需求，代码质量也需要提上议程。在本章的开头我们曾经提到过，需要一种明确的方法，将代码质量的所有权交还给研发团队，并在研发阶段强调内部质量，从而生成一条有效的回馈路径，以确保代码质量问题能够得到快速解决。

如图 12-11 所示，我们在每一个阶段都定义了清晰的目标和时间节点，以便于跟踪和回溯问题。

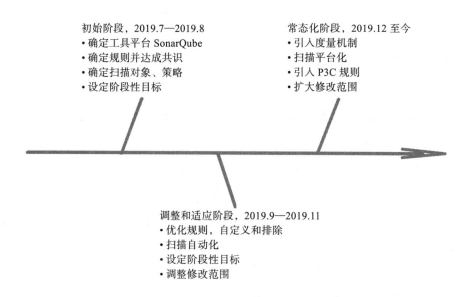

图 12-11 落地节奏

(1) 初始阶段

我们重点聚焦于标记为 Bug 且严重等级为 Blocker 的问题，杜绝出现新的 Blocker 问题，并在每周产出静态报告，定期检查修改情况。

(2) 调整和适应阶段

我们发现研发人员已经逐步适应了这种节奏，新增的标记为 Bug 且严重等级为 Blocker 的问题得到了有效的抑制。但这并不是终点，在该阶段，我们重新设定目标，3 个月内消灭所有的 Bug。

(3) 常态化阶段

我们希望将代码质量变为一种常态化的工作，而不是以突击检查并设定时间节点这种方式来开展，并引入度量机制，将有效代码行数以各维度问题数量作为基础数据，度量每一个应用的代码质量状况。除此之外，我们还优化了扫描规则，并遵循集团的 P3C 规则。

当然，在上述过程中我们也遇到了一些问题，具体如下。

- 误报。Bug 的误报率相对来说是比较低的，只是有一些规则不适合团队，我们筛选出了一些不太合适的规则，对其进行审核并排除。
- 质量意识。代码质量的工作本身并不是为了找麻烦或者增加工作量，而是为了提升团队的整体质量意识，使得研发人员在研发过程中也能关注代码质量，提高研发效率，降低维护成本。

12.2.5 度量可视化

1. 代码质量现状

我们知道，代码质量的改进并非一朝一夕之事，团队的成长需要时间，而且在我们现有的体系中，代码质量的问题并不能直观地反映当前应用的质量，反而会让人觉得可改可不改，久而久之就会被忽略。代码质量改进除了从组织形式或者研发氛围着手之外，还需要借助代码质量评价体系，以便让大家更容易接受。

2. 优化评价体系

我们可以很容易地在 SonarQube 中获取各种维度的代码质量数据,那么如何在这些数据中总结出我们想要的度量数据呢?下面就来详细介绍我们采用的代码质量评价方法。

1)首先,设定权重配置。

代码质量权重分配如表 12-2 所示。

表 12-2 代码质量权重分配

问题严重级别	度量权重
Blocker	100
Critical	50
Major	20
Minor	10
Info	0

假定应用 Backend 中,Blocker=38、Critical=312、Major=3、Minor=8、Info=10。

2)然后,根据设定的权重配置算出违规权重的总和。

假设 W 为应用中代码违规权重的总和,根据上面代码质量的权重分配,可计算得出:

$$W = (38 \times 100) + (312 \times 50) + (3 \times 20) + (8 \times 10) + (10 \times 0) = 19540$$

3)最后,算出最终得分。

设 S 为最终得分,W 为违规权重总和,L 为有效代码行数,有如下公式:

$$S = 100 - \frac{W}{L} \times 100$$

假定应用 Backend 的有效代码行数为 35000,可计算得出:

$$S = 100 - (19540 \div 35000) \times 100 = 44.2$$

我们能够相对直观地看到该应用的最终得分，接下来要解决的就是怎样才能提高分数。

我们通过 SonarQube API 获得代码行数以及各维度的代码质量数据，对其进行加工，最后在质量平台上展示结果，其中包含各应用代码质量问题、趋势等，如图 12-12 所示。

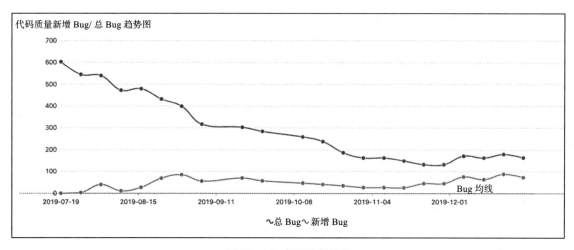

图 12-12　代码质量趋势

经过一段时间的实践之后，我们发现代码质量问题有了很好的收敛趋势，前期制定的目标及时间节点在这张图上有了比较直观的反馈，期间也不断收到了一些用户的反馈信息，我们会根据这些信息更好地优化代码质量流程，以满足用户的需求。

第 13 章

Story QA 赋能

代码质量只是内部质量构建的一个点,是从技术的角度来提高软件的质量,对于目前大多数的多人作战项目来说,质量的问题有很大一部分取决于人而非技术。比如,与产品部门的需求沟通是否顺畅,与兄弟团队合作是否高效,整体研发节奏节点是否明确,团队与团队之间的依赖是否清晰,等等,这些因素在整个内部质量构建中起到了非常关键的作用。

利用增量的方式开发软件,把大项目划分为小项目,甚至是一个个可独立运行的更小的迭代,并分配对应的负责人,将责任划分到每个参与人;这既可以减轻项目经理(Owner)的负担,又可以增加项目参与人的参与感与责任感。本章主要介绍 QA 人员如何赋能项目经理,让项目经理的能力变得可视化、可度量。

13.1 Story 项目经理介绍

每个迭代的每个需求都是一个 Story,一个 Story 会有一名项目经理。Story 项目经理要承担这个 Story 的项目跟进、问题反馈、沟通协调、持续跟进等工作,需要有大局观以及很强的项目管理能力。

如果某 Story 项目经理连续几次都不能如期推进项目,或者负责的项目上线后问题很多，或者不具有解决问题的能力，那么他以后将无法担任 Story 项目经理。对应地，如果在连续几个项目中的表现都很出色，那么该项目经理可以负责更多的 Story，从而得到更多的锻炼。

13.1.1　Story 项目经理的意义

- **培养大家的全局视野**：让大家从之前的只关注自己的模块，转变为关注 Story 的全局，再到关注项目的交付风险、依赖等。
- **锻炼大家的软性能力**：项目经理在承担整个项目的过程中，需要不断地进行沟通、换位思考，以提高沟通能力和协调能力。

13.1.2　Story 项目经理的工作职责

Story 项目经理的工作职责具体如下。

1）**记录技术方案**：将技术方案相关的邮件和文档同步给参与 Story 的所有人。

2）**站会**：每天或每两天组织一次 Story 站会，跟进项目问题和进度。

3）**汇报**：向上级领导汇报项目进度。

4）**验收**：对功能进行验收，以确保实现和产品需求是一致的。

5）**把控风险**：不断检查外部依赖以及实施进度，提前预判风险。

6）**协调**：在开发过程中协调产品、开发以及测试等相关人员，将需求变更、接口变更等同步给需要 Story 信息的所有人。

7）**跟踪**：项目上线后，持续跟踪。

13.2　Story QA 破局

为了精细推进 Story，提升团队自我管理以及项目管理的能力，我们会对所有项目进行评估总结，以便于发现问题，提升自我。所有需要 QA 介入的 Story，必须落地 Story 记录模板并由 QA 确认。

13.2.1 Story QA 介绍

Story QA 是什么？Story QA 是指在一个 Story 的实现过程中，由 QA 主导的一套评价整个 Story 实现过程质量的体系。为了评估 Story 实现过程的质量，需要在整个迭代过程中记录如表 13-1 所列举的数据。

表 13-1 Story 记录数据模板

Story 记录		
Story 名称	（Story 项目经理填写）	
Story 项目经理	（Story 项目经理填写）	
Story 复杂度	（Story 项目经理填写，可分为 1～5 五个等级，在迭代排期时，开发负责人和迭代项目经理需跟进项目技术实现难度、时间等维度以确定复杂度）	
Story 参与人员	（Story 项目经理填写）	
Story 质量	进度把控	（QA 人员填写）
	业务理解	（QA 人员填写）
	技术方案质量	（QA 人员填写）
	测试用例质量	（项目经理填写）
	开发提测质量	（QA 人员填写）
	线上质量（用户体验、线上反馈）	（QA 人员填写）
Story 问题	（QA 人员填写）	

下面着重说明 story 记录中的几项数据。

❑ **Story 复杂度**：一般来说，Story 的复杂度等级与投入的人力资源是成正比的，随着 Story 复杂度等级的上升，人员的投入成本也在上升，基于此，我们提供了复杂度等级的参考方式，如表 13-2 所示。在计算 Story 平均分的时候，考虑到每种复杂度等级的 Story 都会存在差异，所以需要给不同的复杂度等级定义一个权重，以保证度量结果的准确性。

表 13-2 复杂度等级及权重规则

项目排期的总人日（开发+测试）	对应的项目复杂度等级	权重
[1, 4]	1	0.8
(4, 8]	2	0.9
(8, 12]	3	1
(12, 20]	4	1.1
(20, +∞)	5	1.2

❑ **Story 参与人员**：包含后端开发人员、前端开发人员和测试人员。
❑ **Story 质量**：要评估一个 Story 的质量，需要从多个角度来考虑。在一个 Story 的实现过程中，会有多种角色（前端人员、后端人员、测试人员）参与其中，所以我们需要从进度把控、业务理解、技术方案质量、测试用例质量、开发提测质量、线上质量这六个维度来进行打分。

13.2.2 Story QA 实施步骤

1）**初步打分**：在 Story 结束时，QA 人员与项目经理将参照度量的维度，根据打分机制进行初步打分。

2）**复盘**：测试人员与 Story 项目经理针对本次打分和存在的问题达成共识之后，通知参与 Story 的相关人员从不同维度对项目中的不足和改进方案进行深刻复盘，并调整相应的分数。

3）结果公布，修改分数，沉淀并跟进复盘结果。

13.2.3 Story QA 体系构建方案

那么，Story QA 体系应该如何构建呢？Story QA 体系的构建图示见图 13-1。

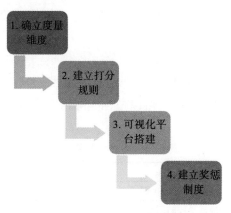

图 13-1 Story QA 体系构建图示

Story QA 体系构建过程具体说明如下。

1）**确立度量维度**：根据项目过程确定度量的维度。

2）**建立打分规则**：结合 Story 进度、技术方案的质量、线上问题、研发过程中出现的 Bug 以及 Story 是否延期等确立打分规则。

3）**可视化平台搭建**：根据过程实施打出的分数，对数据进行可视化和分析评估。

4）**建立奖惩制度**：建立底线分数，通过奖惩制度管理手段来让项目经理体制更加健全。

13.3 构建度量体系

数据可视化不仅可以帮助我们透视 Story 问题、团队问题等，还能帮助我们对这些问题进行评价、改进 Story，同时也能跟进过程状态，以保证项目处于正常的、稳定的状态。另外，积累的历史数据也能够帮助我们预测未来项目的发展趋势。有度量就要有标尺、有刻度，所以建立度量体系这个标尺就变成了第一要务。

13.3.1 度量维度初阶

为了评估整个迭代过程的质量，我们需要从不同的维度进行度量。软件开发的生命周期很长，要经历需求阶段、设计阶段、构建阶段、验证阶段、发布阶段和运维阶段。要想全面评估一个迭代过程的质量，所有这些阶段都需要进行评估。根据这个原则，我们提炼出了质量度量的 6 个维度，分别是进度把控、业务理解、技术方案质量、测试用例质量、开发提测质量、线上质量。

表 13-3 详细列举了每个维度的评分标准，以方便大家根据实际情况做出判断。当然，每个公司的实际情况都不一样，可以根据实际情况进行调整。

表 13-3 Story 评分标准

维度	分值	判断标准
进度把控 （QA 人员填写）	5 分	Story 进展与排期完全一致，每个时间节点都一致
	4 分	最后上线时间与排期一致，但中间环节与排期时间有些出入
	3 分	及时发现延期风险，通过加班等方式弥补进度，保证按排期上线
	2 分	未及时发现延期风险，通过加班等方式也无法弥补进度，导致项目无法按排期上线，但不影响其他人员、其他 Story 的开展
	1 分	未及时发现延期风险，通过加班等方式也无法弥补进度，不但导致了本项目无法按排期上线，还影响了其他人员、其他 Story 的开展

（续）

维度	分值	判断标准
业务理解 （QA 人员填写）	5 分	开发开始后，产品、开发、测试三方对 Story 的理解一致，无分歧
	4 分	开发开始后，产品、开发、测试三方中有一方对 Story 的理解有分歧，分歧点在 1 个以内，不影响排期
	3 分	开发开始后，产品、开发、测试三方中有一方对 Story 理解有分歧，分歧点在 3 个以内，不影响排期 或者工作量有轻微出入，但是通过加班等方式弥补后不影响按排期上线
	2 分	开发开始后，产品、开发、测试三方各持己见，分歧点在 1 个以内 或者有一方对 Story 理解有分歧，分歧点在 5 个以内 或者分歧导致工作量有较大出入，导致项目无法按排期上线，但不影响其他人员、其他 Story 的进展 或者 Story 必须进行临时拆分，需要舍弃一些功能点
	1 分	开发开始后，产品、开发、测试三方各持己见，分歧点在 3 个以内 或者因分歧而导致工作量有很大出入，导致项目无法按排期上线
技术方案质量 （QA 人员填写）	5 分	技术方案设计很合理，外部依赖、内部逻辑描述清晰，Story 开始后无临时修改技术方案的情况
	4 分	技术方案设计良好，外部依赖、内部逻辑描述基本清晰，Story 开始后方案存在接口改动，改动在 1 次以内，且不影响排期
	3 分	技术方案设计基本合理，外部依赖、内部逻辑描述基本明了，Story 开始后方案有较大的改动，比如更换中间件组件、上下游对接方式等，改动在 1 次以内，但通过加班等方式弥补后不影响上线 或者 Story 开始后，方案有 3 次以内的细微改动，排期有微调，但不影响上线
	2 分	技术方案设计不太合理，外部依赖、内部逻辑描述不清，Story 开始后方案有较大改动，比如更换中间件组件、上下游对接方式等，改动在 3 次以内，通过加班等也无法弥补，导致项目不能按排期上线 或者 Story 有 5 次以内的细微改动，而且会影响到其他人员、其他 Story 的进展
	1 分	Story 开始后中途推翻技术方案，重新设计，导致项目延期，需要调整排期，影响其他人员、其他 Story 的进展
测试用例质量 （项目经理填写）	5 分	测试用例覆盖了所有常见的正常和异常的场景，以及生僻的正常和异常的场景
	4 分	测试用例覆盖了所有常见的正常和异常的场景，未覆盖的生僻场景在 1 个以内
	3 分	测试用例基本覆盖了常见的正常和异常的场景，未覆盖的场景在 1 个以内，未覆盖的生僻场景在 3 个以内
	2 分	测试用例基本覆盖了常见的正常和异常的场景，未覆盖的场景在 3 个以内，未覆盖的生僻场景在 6 个以内
	1 分	测试用例对常见的正常和异常场景的覆盖率不足，未覆盖的常见场景的比例在 40% 以上
开发提测质量 （QA 人员填写）	5 分	致命（urgent）Bug 或严重（high）Bug 0 个，轻微（low）Bug 或者需要优化改进的类 1 个
	4 分	致命（urgent）Bug 0 个；严重（high）Bug 2 个以内
	3 分	致命（urgent）Bug 在 3 个以内，轻微阻塞测试进程，但不影响 Story 上线
	2 分	致命（urgent）Bug 在 5 个以内，或者严重（high）Bug 与复杂度不匹配（复杂度等级小于等于 3 的严重 Bug 不能超过 6 个，复杂度等级大于 3 的严重 Bug 不能超过 10 个），Bug 影响测试进度，需要通过加班弥补进度

(续)

维度	分值	判断标准
开发提测质量（QA人员填写）	1分	致命（urgent）Bug在8个以内，Bug影响范围较大，无法通过加班弥补进度，导致项目不能按排期上线
线上质量（QA人员填写）	5分	无用户差评反馈，或者普遍反馈好评；上线1周内无反馈问题
	4分	2个以内用户反馈差评；上线1周内反馈问题等级为轻微（low）类型的在1个以内，影响个别用户使用
	3分	5个以内用户反馈差评；上线1周内反馈问题等级为严重（high）的在1个以内，对少量用户的使用造成了些许不便
	2分	上线1周内反馈问题等级为致命（urgent）的在1个以内，等级为严重（high）的在3个以内，问题导致了服务不稳定，对用户造成了很大影响，但无业务损失
	1分	上线1周内反馈问题等级为致命（urgent）的在2个以内，等级为严重（high）的在5个以内，问题对用户和平台造成了很大的业务损失，或者造成了P4及P4以上级别的事故

13.3.2 度量维度进阶

上文详细讲解了每个维度的打分标准，但是在实际工作中我们会发现，Story质量提升后，Story的质量区别越来越小，需要对各评分项进行更精细的划分。基于上述考虑，我们又对每个维度的打分规则进行了迭代更新，其中进度把控和业务理解维度的打分规则不变。

1. 技术方案质量

从方案的全面性、易理解程度以及审核时的表述一致性等几个方面进行考察。

2. 测试用例质量

根据业务领域的优先级可将测试用例分为P0场景覆盖、P1场景覆盖等。遗漏场景也按等级进行区分，并赋予分值，P0级为15分，P1级为10分，P2级为4分，P3级为2分。满分100分，最后除以20（为了使分数落在1～5之内所约定的数据），转化成最终的得分。

例如，由小王负责的为机场搭建配餐平台的需求上线后，发现P1级的测试用例1个未覆盖，P2级的测试用例1个未覆盖，那么根据算式100−1×10−1×4=86，换算后的得分为86/20=4.3。

3. 开发提测质量

与测试用例质量的计算规则类似，按 Bug 等级扣分，P0 级为 15 分，P1 级为 10 分，P2 级为 4 分，P3 级为 2 分。满分 100 分，最后按上面所述的计算测试用例质量分的方式求出最终得分。

4. 线上质量

如表 13-4 所示，线上质量判断标准包括有无发布检测清单（checklist）、检测清单有无遗漏项、发布时是否遵循 SOP、发布后有无发现线上问题、有无反馈等。如果只发布了 app_id，而无配置或发布其他 DB 表或任何依赖项等，可以不发布检测清单，否则就要请项目经理在发布前配合提供发布检测清单并形成文档，以方便自己理清发布项，同时便于 QA 人员跟进，也便于事后追溯 Story 详情。

表 13-4 线上质量判断标准

维度	分值	判断标准
线上质量（QA 人员填写）	5 分	按标准提供发布检测清单，且保证检测清单清晰完整；发布时遵循 SOP，且未造成线上问题；QA 人员线上验证时未发现问题，无服务商反馈问题
	4 分	按标准提供发布检测清单，且保证检测清单清晰完整；发布时遵循 SOP，且未造成线上问题；QA 人员线上验证发现 Bug 问题属于 P2 级别；商户和服务商反馈 1 个 P2 级别或 P2 以下级别的 Bug 问题
	3 分	按标准提供发布检测清单，但检测清单描述不清晰；发布时遵循 SOP，且未造成线上问题；QA 人员线上验证发现 1 个 P1 级别的 Bug 问题；商户和服务商反馈 2 个或以下 P2 级别的 Bug 问题
	2 分	提供发布检测清单，但检测清单存在遗漏；发布时未遵循 SOP，但未造成线上问题；QA 人员线上验证发现 P0 级别的 Bug 问题；商户和服务商反馈 P1 级别的 Bug 问题
	1 分	未提供发布检测清单；发布时未遵循 SOP，或者造成线上出现 P0 级别的 Bug 问题，商户和服务商反馈 P0 级别的 Bug 问题

13.3.3 打分规则

Story QA 包含了 6 个考核项，每一项的具体权重说明如表 13-5 所示。每一项在整个 Story 过程中对代码上线质量的影响程度都不相同，所以引入权重的概念，使整体的平均分更合理。

表 13-5　打分规则权重

维度	权重
进度把控	10%
业务理解	30%
技术方案质量	20%
测试用例质量	25%
提测质量	10%
线上质量	5%

计算公式：质量分数 =sum(维度评分 × 维度权重) × Story 复杂度对应权重

假设由小王负责的为机场搭建配餐平台的需求是一个 Story，复杂度等级为 5。如果进度把控为 4 分，业务理解为 3 分，技术方案质量为 3 分，测试用例质量为 4 分，提测质量为 4 分，线上质量为 4 分，那么计算整个 Story 分数的算式如下：

质量分数 =（4×0.1+3×0.3+3×0.2+4×0.25+4×0.1+4×0.05）×1.2=4.2

所以小王负责的 Story 的质量分数为 4.2 分。

13.4　工具化和制度化

13.4.1　由文本到工具的演变

1. 文本记录

在 Story QA 的试运行阶段，文本记录已经能够满足要求，但是随着数据的积累以及使用方式的普及和推广，文本记录面临着如下两个问题。

（1）积累的数据无法可视化

由于每个 Story 的质量情况都是记录在文本上的，因此不能直观地看出每个需求的质量分数，以及质量分数随着时间而发生变化的趋势，不利于后期进行数据分析。

（2）重复填写的东西太多

Story QA 记录模板中的数据需要手动填写的其实只有六个维度的打分，长期手动填写一些已知的数据（或者说重复的数据），不仅是一种负担，更会带来负面的情绪。

基于以上两个问题，我们有必要将文本记录升级到工具记录。每个团队都有项目管理工具，很多都是开源的，还有部分团队使用的是内部自主研发的工具，Story 的基本信息从项目管理工具上都能获取到，那么只需要打通项目管理工具，就能拿到最基本的数据了。

2. 工具化实现

下面是我们团队内部实现的一套 Story QA 工具体系，该体系打通了团队自主研发的项目管理工具。

（1）Story 列表页面

Story 列表页面将展示所有 Story 的基本信息，通过规则设定，将符合要求且需要进行 Story QA 打分的迭代过程从项目关系系统中自动同步过来，点击进入即可查看打分情况以及整体质量情况。图 13-2 所示的是 Story QA 列表页面。

图 13-2　Story QA 列表

（2）Story QA 详情页面

Story 在进行过程中或者结束后，可以在 Story 详情页面对 Story 进行打分，并记录相关的问题。在 Story 详情页面中，开发人员和测试人员可以实时更新在迭代中遇到的问题，以方便后续进行项目复盘。Story QA 的详情页面如图 13-3 所示。

（3）Story QA 综合评分页面

Story QA 综合评分页面详细记录了每个维度的评分以及最后的综合得分。从页面上，我们能够非常直观地看出当前项目的哪些方面表现优秀，哪些方面需要改进，如图 13-4 所示。

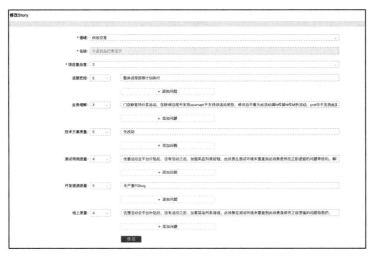

图 13-3　Story QA 详情页面

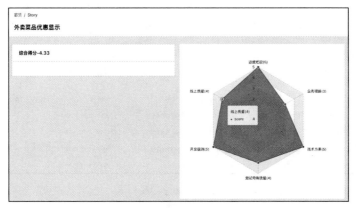

图 13-4　Story QA 结果

在 Story QA 综合评分页面的帮助下，开发人员和测试人员每次只需要关注自己需要打分的维度即可，打分完成则意味着整个 Story QA 的质量已经评估完成。当然打分只是其中的一部分，更重要的是后期的复盘和问题分析环节，我们需要从中积累经验和教训，并思考如何利用这次的经验让下一个 Story 获得更高的评分。

13.4.2　建立奖惩制度

个人能力提升是一个由制度驱动到自我驱动的过程。

"不以规矩，不能成方圆。"大家耳熟能详的一句话，其中包含了浅显易懂的道理。一个体系、制度的推行，在起步阶段总是会遇到很多的阻碍，可能是员工对于体系的不了解，也可能是员工已经习惯于之前的制度而不想花时间去做出改变和创新。但是为了团队能够更好地发展，改变和创新是必不可少的。

（1）制定级别

为了更好、更快速地推进 Story QA 体系在团队内的开展，有必要制定一系列的奖惩措施。奖惩制度的级别及表现具体如表 13-6 所示。

表 13-6 奖惩制度的级别及表现

序号	级别	表现	示例
1	红色	在规定的时间内（Story 开始次日的 19:00 之前）Story QA 的任务没有建立	若某 Story 需求的开始时间为 2019 年 6 月 10 日，则最后的截止创建时间为 2019 年 6 月 11 日 19:00
2	红色	在规定的时间内（Story 上线后次日的 19:00 之前）Story QA 任务没有填写	若某 Story 需求的结束时间为 2019 年 6 月 16 日，则最后的截止填写时间为 2019 年 6 月 17 日 19:00
3	红色	建立 Story QA 细节模板勾选的任务流程中，出现了未执行的环节，并因此影响了上线的质量	Story QA 流程中包含用例评审环节，结果 QA 并没有发起评审，导致线上质量受到影响
4	红色	连续 2 次迭代中，Story QA 的平均分数小于 3	Story1 的平均分为 2.1 分，Story2 的平均分为 2.8 分（均小于 3 分）
5	黄色	超过 50% 的 Story QA 的质量分数在 4 分以下	
6	黄色	Story QA 的质量分数连续 3 次及以上平均分小于 3.5 分	
7	黄色	建立 Story QA 模板勾选的任务流程中，虽然出现了未执行的环节，但未影响上线的质量	
8	绿色	Story QA 质量连续 3 次及以上平均分大于 3.5 分	
9	绿色	Story QA 质量的平均分大于等于 4 分	

（2）奖惩措施

- 如果出现红色级别，对项目经理罚款 50 元以作小惩罚。
- 如果连续 2 个月均为黄色级别，对项目经理罚款 50 元以作小惩罚。
- 如果连续 1 个月均为绿色，奖励项目管理神秘礼物一份。

13.5 本章小结

Story QA 体系已经在我们的团队中推行了数月的时间,在推行的过程中我们发现了很多以前在迭代中没有注意到的问题,下面从各个评分维度列举几个典型的案例及其解决方案,如表 13-7 所示。

表 13-7 经典案例

序号	所属维度	问题	解决方案
1	技术方案质量	前端改动量大的时候未做技术方案评审,导致在测试环节漏掉了部分细节	增加前端技术方案评审
2	测试用例质量	技术改造类的需求,对影响范围的评估不全面,导致部分场景漏测	不能准确判断影响点的功能,需要扩大回归范围
3	业务理解	涉及外部对接时,产品对外部接口提供的功能不熟悉,导致 PRD(产品需求文档)有遗漏,在测试过程中才发现	开发在设计技术方案的时候需要对外部提供的功能进行充分评估,以尽早发现问题
4	测试用例质量	上线后因为老数据的存在,部分用户体验不佳	充分了解所测试的需求,评估是否存在影响功能使用的老数据、脏数据
5	开发提测质量	前后端联调未完成就提测,测试时发现问题众多	提测前,开发人员需要进行充分自测

问题的暴露说明整个迭代过程还有进步的空间,每暴露一个问题,后面踩的"坑"就会少一个。这样的体系下,相当于每次迭代都在排"坑",为下一次的迭代提供经验教训,督促参与人员持续成长和进步,同时也推进迭代走向规范化的道路。

第五篇 Part 3

探　　索

　　QA 团队在经历了基础、提效、赋能三个不同的阶段之后，已经有了不小的改变。从不专业到相对比较专业，从低效到相对比较高效，从只关注 QA 本身的工作到关注整个研发团队效能的提升，QA 团队的这些变化大家有目共睹。阿里巴巴集团内部有这样一句话，"既要脚踏实地，又要仰望星空"，作为 QA 人员，我们不仅要做好当下的工作，同时也要为未来的发展做好知识储备和提前布局。实现测试自动化之后，QA 的工作效率虽然有所提升，但是依然存在巨大的提升空间，我们需要探索和借鉴业界比较先进的解决方案，为我们的下一步工作做好铺垫。本篇主要介绍我们对业界比较流行的技术进行的探索和尝试。

第 14 章

流量回放测试

Dave Gelperin 和 William C. Hetzel 发表过一篇名为"软件测试发展"的文章，文中总结了软件测试发展的五个重要时期：1957 年之前以调试为主，1957 年至 1978 年以证明为主，1979 年至 1982 年以破坏为主，1983 年至 1987 年以评估为主，1988 年至今以预防为主。预防为主仍是当下软件测试的主流思想。测试贯穿了软件的整个生命周期，尽早介入即可尽早发现 Bug，发现得越早，修复起来的成本就会越低，产生的风险也就越小。

14.1 流量回放的意义

近些年，互联网技术迭代速度加快，手工验证已经不能满足要求，大部分都是通过自动化测试进行提速。人工编写自动化脚本，一般步骤是准备测试数据、编写自动化脚本、统计代码覆盖率。编写脚本并不是最难的，难的是如何制造合适的测试数据，以及如何模拟一些异常场景。毕竟测试用例是由人工编写的，很容易出现考虑不全面或影响范围判断失误而导致漏测的情况。针对上述情况，有没有一种不需要人工参与编写自动化脚本就能帮助我们自动回归的功能？答案是肯定的，这也是接下来本章要讨论的重点——流量回放。从人工编写自动化脚本到自动引流回放、自动化用例沉淀，在提效的同时，测试质量也得到了更加全面的保障。

接下来本章会从流量回放的基本思想、流量回放常见工具、流量回放的原理以及 demo 展示等方面进行介绍，以便大家能对流量回放测试有一个全面的认识与了解。

14.2 流量回放的基本思想

流量回放的基本思想比较简单，测试数据不再由人为制造，而是直接复制线上的流量数据。如图 14-1 所示，将复制好的部分流量打到被测集群中，相当于线上流量在测试环境的一次重放，从而达到自动回放的效果。然后将这部分流量进行沉淀，形成用例，使其下次还可以继续使用。流量回放一方面可以解决测试数据难以构造以及构造不全的问题，且不需要人工编写自动化脚本并维护这些脚本，另一方面可以保证用例的丰富性和真实性，能够帮助我们自动覆盖更全面的场景，以保证代码的覆盖率，从而避免出现漏测的情况。当然，线上环境与线下环境的差异性会导致一些权限校验或缓存等操作而引发的回放运行失败等问题，这些都会有相应的回放策略去保证，在后文中会详细讲解。

图 14-1　流量回放

14.3 常见工具介绍

为了解决造数难、场景覆盖难、场景覆盖率低、自动化脚本维护难等问题，目前很多公司都推出了流量回放的解决方案，市场上也出现了一些优秀的开源产品，如 jvm-sandbox-repeater、RDebug、goreplay 等，它们采用的语言及所支持的插件如表 14-1 所示。

jvm-sandbox-repeater 是阿里巴巴集团推出的一款开源的流量录制回放工具，目前支持多种插件，而且插件很容易进行扩展；RDebug 是滴滴推出的线上录制线下回放产品；goreplay 可用于拦截指定端口的流量，并将拦截到的流量存储解析后进行转发回放。接下来我们将会对 jvm-sandbox-repeater 做一个简单的介绍。

表 14-1 开源框架

产品	语言	已支持插件
jvm-sandbox-repeater	Java	HTTP、Dubbo、iBATIS、MyBatis、Java、Redis
RDebug	PHP	HTTP、MySQL、Thrift、Redis、APCu
goreplay	Go	HTTP

14.4 聚焦 jvm-sandbox-repeater

jvm-sandbox-repeater 是 jvm-sandbox 生态体系下的一个重要模块，jvm-sandbox 是阿里巴巴集团开源的一款 JVM 平台非侵入运行期的 AOP（Aspect Oriented Programming，面向切面编程）解决方案。基于 jvm-sandbox，我们不需要关心如何在 JVM 层实现 AOP 等技术细节，只需要通过 jvm-sandbox 提供的编程结构告诉"沙箱"，希望对哪些类的哪些方法进行 AOP，以及在切面点做什么。jvm-sandbox-repeater 具备了 jvm-sandbox 的所有特点，并以配置文件的方式对满足条件的方法进行 AOP 切面处理，且封装了请求录制/回放基础协议，并提供了一些通用的、可扩展的 API。jvm-sandbox-repeater 的插件式设计可以很方便地快速适配各种中间件，目前已支持一些通用的中间件，如 MyBatis、Dubbo、Redis 等。录制回放的整体流程图如图 14-2 所示。

14.4.1 录制原理探究

repeater 复用了 jvm-sandbox 的能力，通过监听 sandbox 分发过来的事件流量，对需要录制的方法进行 AOP Around 处理，处理的事件类型包括 Before、Return、Throw 三种。DefaultEventListener 类是 repeater 流量录制的入口，实现了 EventListener 接口，重写了 onEvent 方法。onEvent 方法中的核心逻辑可分为两块，一块是基础校验（见代码清单 14-1），一块是对 Before、Return、Throw 事件进行分发处理（见代码清单 14-2）。对于 Java 调用，一次流量录制包括一次入口调用以及若干次子调用，流量的录制过程就是将入口主调用和一些子调用绑定成一次完整的记录，具体处理逻辑如下。

第 14 章 流量回放测试 ❖ 189

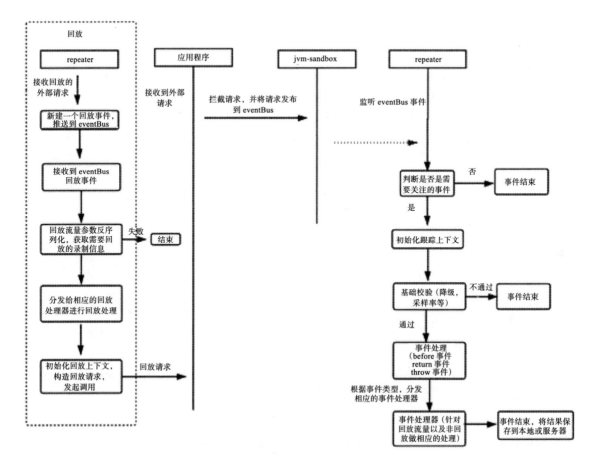

图 14-2 录制回放流程图

代码清单 14-1 基础校验代码实现

```
/*
 * event过滤；针对单个listener，只处理top的事件
 */
if (!isTopEvent(event)) {
    if (log.isDebugEnabled()) {
        log.debug("not top event,type={},
            event={},offset={}", invokeType,
            event, eventOffset.get().get());
    }
    return;
}
/*
 * 初始化追踪器（Tracer）
 */
initContext(event);
```

```
/*
 * 执行基础过滤
 */
if (!access(event)) {
    if (log.isDebugEnabled()) {
        log.debug("event access failed,type={},event={}",
            invokeType, event);
    }
    return;
}
/*
 * 执行采样计算（只有entrance插件负责计算采样，子调用插件不计算）
 */
if (!sample(event)) {
    if (log.isDebugEnabled()) {
        log.debug("event missing sample rule,type={},event={}", invokeType, event);
    }
    return;
}
/*
 * processor filter
 */
if (processor != null && processor.ignoreEvent((InvokeEvent) event)) {
    if (log.isDebugEnabled()) {
        log.debug("event is ignore by processor,type={},event={},processor={}",
            invokeType, event, processor);
    }
    return;
}
```

代码清单 14-2　事件分发处理代码实现

```
/*
 * 分发事件处理（根据事件类型，进行相应的事件处理）
 */
switch (event.type) {
    case BEFORE:
        doBefore((BeforeEvent) event);
        break;
    case RETURN:
        doReturn((ReturnEvent) event);
        break;
    case THROWS:
        doThrow((ThrowsEvent) event);
        break;
    default:
        break;
}
```

Before 事件处理的具体步骤如下。

1)判断当前流量是否为入口流量且是回放流量,如果是,不执行后续操作。

2)若当前流量为非回放流量,则基于当前 sandbox 分发过来的 event 事件初始化一个调用实例 Invocation,Invocation 实例中主要记录了调用时的入参、返回值、调用顺序以及 traceId 等信息,用于发起回放以及子调用的 mock 还原。从下面的代码清单 14-3 中可以看出,入参的处理是调用 processor.assembleRequest(event) 进行处理,返回结果的处理则是调用 processor.assembleResponse 进行处理。对于 Before 事件,因为此时事件处理结果还没有返回,所以 invocation 中 response 的值为 null。repeater 框架实现了一个默认的 processor 实现类 AbstractInvocationProcessor,该类会直接返回 event 中的参数以及返回结果。理论上入参出参的处理采用默认逻辑即可,如果某些插件请求需要进行特殊处理(如摒弃参数或对参数进行加工等),就需要重写 processor. assembleRequest 以及 processor.assembleResponse 方法,比如 Dubbo,具体可以参考 Dubbo 插件写法。

3)序列化,根据插件设置的类型是否需要及时序列化,对 Invocation 中的 request、response、throwable 参数进行序列化。

4)将当前事件的 Invocation 信息存放到缓存中。

Before 事件处理的具体实现如代码清单 14-3 所示。

代码清单 14-3　doBefore 代码实现

```
doBefore(BeforeEvent event) throws ProcessControlException {
    // 回放流量;如果是入口则放弃;如果是子调用则进行mock还原
    if (RepeatCache.isRepeatFlow(Tracer.getTraceId())) {
        processor.doMock(event, entrance, invokeType);
        return;
    }
    Invocation invocation = initInvocation(event);
    invocation.setStart(System.currentTimeMillis());
    invocation.setTraceId(Tracer.getTraceId());
    invocation.setIndex(entrance ? 0 : SequenceGenerator.generate(Tracer.getTraceId()));
    invocation.setIdentity(processor.assembleIdentity(event));
    invocation.setEntrance(entrance);
    invocation.setType(invokeType);
    invocation.setProcessId(event.processId);
    invocation.setInvokeId(event.invokeId);
    //请求参数拼装存储
    invocation.setRequest(processor.assembleRequest(event));
    //返回结果存储
    invocation.setResponse(processor.assembleResponse(event));
```

```
    invocation.setSerializeToken(ClassloaderBridge.instance().encode(event.
        javaClassLoader));
    try {
        // fix issue#14 : useGeneratedKeys
        if (processor.inTimeSerializeRequest(invocation, event)) {
            SerializerWrapper.inTimeSerialize(invocation);
        }
    } catch (SerializeException e) {
        Tracer.getContext().setSampled(false);
        log.error("Error occurred serialize", e);
    }
    RecordCache.cacheInvocation(event.invokeId, invocation);
}
```

return/throw 事件处理的具体步骤如下。

1）判断当前流量是否为回放流量，如果是，不执行后续操作。

2）从缓存中取出相应的 Invocation 实例，如果获取失败，打印失败日志，不执行后续操作。

3）Invocation 实例获取成功后，调用的 assembleResponse 或者 assembleThrowable 方法将 response 或者 throwable 信息设置到 Invocation 实例中，并设定 Invocation 的结束时间。

4）结果回调处理：如果该流量为入口流量（即主调用），就会将整个记录都放到队列（queue）中，然后通过定时任务将队列中的消息上传到远端服务器或本地文件中保存；如果是子调用，那么会将子调用的结果统一存储到缓存中。

Return 事件处理的具体实现如代码清单 14-4 所示。

代码清单 14-4　doReturn 代码实现

```
protected void doReturn(ReturnEvent event) {
    if (RepeatCache.isRepeatFlow(Tracer.getTraceId())) {
        return;
    }
    Invocation invocation = RecordCache.getInvocation(event.invokeId);
    if (invocation == null) {
        log.debug("no valid invocation found in return,type={},traceId={}",
            invokeType, Tracer.getTraceId());
        return;
    }
    invocation.setResponse(processor.assembleResponse(event));
    invocation.setEnd(System.currentTimeMillis());
    listener.onInvocation(invocation);
}
```

14.4.2 回放原理探究

流量回放，通俗简单地说就是对所录制的流量（包括入参出参）重新发起调用。注意：在实际生产环境中，不建议发起流量回放，除非是一些读接口或者幂等写接口，否则可能会产生线上脏数据。流量回放是通过 EventBus 的方式对需要回放的流量进行异步分发与订阅，以实现系统解耦。

1. 回放流量的订阅与分发

回放请求最初的处理是在 RepeaterModule#repeat 方法前面增加 @Command 注解，使之可以通过 HTTP 接口的形式供外部调用，该方法会调用 EventBusInner.post(event)，将需要回放的流量以 EventBus 的方式进行异步分发，具体逻辑如代码清单 14-5 所示。

代码清单 14-5　repeat 代码实现

```java
/*
 * 回放HTTP接口
 *
 * @param req        请求参数
 * @param writer printWriter
 */
@Command("repeat")
public void repeat(final Map<String, String> req, final PrintWriter writer) {
    try {
        String data = req.get(Constants.DATA_TRANSPORT_IDENTIFY);
        if (StringUtils.isEmpty(data)) {
            writer.write("invalid request, cause parameter {" + Constants.DATA_
                TRANSPORT_IDENTIFY + "} is required");
            return;
        }
        RepeatEvent event = new RepeatEvent();
        Map<String, String> requestParams = new HashMap<String, String>(16);
        for (Map.Entry<String, String> entry : req.entrySet()) {
            requestParams.put(entry.getKey(), entry.getValue());
        }
        event.setRequestParams(requestParams);
        //发送异步消息
        EventBusInner.post(event);
        writer.write("submit success");
    } catch (Throwable e) {
        writer.write(e.getMessage());
    }
}
```

2. 消息订阅

RepeatSubscribeSupporter#onSubscribe 方法会对 EventBus 中发布的消息进行订阅处理，具体的处理逻辑如代码清单 14-6 所示。

代码清单 14-6 subscribe 代码实现

```java
public void onSubscribe(RepeatEvent repeatEvent) {
    //获取回放请求参数
    Map<String, String> req = repeatEvent.getRequestParams();
    try {
        final String data = req.get(Constants.DATA_TRANSPORT_IDENTIFY);
        if (StringUtils.isEmpty(data)) {
            log.info("invalid request cause meta is null, params={}", req);
            return;
        }
        log.info("subscribe success params={}", req);
        //参数反序列化
        final RepeatMeta meta = SerializerWrapper.hessianDeserialize(data,
            RepeatMeta.class);
        //根据repeat.standalone.mode模式，从远程或本地拉取录制流量的详情
        RepeaterResult<RecordModel> pr = StandaloneSwitch.instance().
            getBroadcaster().pullRecord(meta);
        if (pr.isSuccess()){
            //对流量进行分发处理
            DefaultFlowDispatcher.instance().dispatch(meta, pr.getData());
        } else {
            log.error("subscribe replay event failed, cause ={}", pr.getMessage());
        }
    } catch (SerializeException e) {
        log.error("serialize failed, req={}", req, e);
    } catch (Exception e) {
        log.error("[Error-0000]-uncaught exception occurred when register repeat
            event, req={}", req, e);
    }
}
```

3. 流量分发处理

调用 DefaultFlowDispatcher#dispatch 对流量进行分发操作，具体步骤如下所示。

1）根据录制流量中的录制类型，获取对应的回放器。

2）根据拉取到的录制的流量信息，生成一个用于回放的 RepeatContext，并存放到缓存中。

3）调用回放器的 repeater.repeat 方法对流量进行回放处理。

目前该框架支持 HTTP、Java、Dubbo 三种类型的回放器，整体回放请求发起的思路都是类似的：从录制流量中获取请求参数、请求方法，进行组装，发起调用，并将回放结果存储于远端或本地。具体实现可以参考 HttpRepeater、JavaRepeater、DubboRepeater 等类的实现。

流量分发处理的实现如代码清单 14-7 所示。

代码清单 14-7　dispatch 代码实现

```
public void dispatch(RepeatMeta meta, RecordModel recordModel) throws
RepeatException {
    if (recordModel == null || recordModel.getEntranceInvocation() == null ||
        recordModel.getEntranceInvocation().getType() == null) {
        throw new RepeatException("invalid request, record or root invocation is null");
    }
    //根据类型获取对应的回放器
    Repeater repeater = RepeaterBridge.instance().select(recordModel.
        getEntranceInvocation().getType());
    if (repeater == null) {
        throw new RepeatException("no valid repeat found for invoke type:" +
            recordModel.getEntranceInvocation().getType());
    }
    RepeatContext context = new RepeatContext(meta, recordModel, TraceGenerator.
        generate());
    // 放置到回放缓存中
    RepeatCache.putRepeatContext(context);
    //开始回放
    repeater.repeat(context);
}
```

4. 回放 mock 处理

流量回放场景中会存在一些并不需要真实操作的请求，比如写数据库的操作，真正地去执行写操作会污染数据，又或者是数据库中已经存在了某些请求，若再写则会抛出异常等，这个时候就需要对其进行 mock 处理。从流量录制的过程中我们可以了解到，Before 事件中针对一些需要回放的子调用流量，会调用 doMock 进行处理。doMock 处理的具体步骤如下。

1）根据录制到的流量重新构造出一个 mock 请求。

2)根据录制流量中的 mock 策略,执行对应的 mock 动作。

目前该系统已经实现了两种 mock 策略,即 DefaultMockStrategy 和 ParameterMatchMockStrategy。DefaultMockStrategy 默认返回不匹配,执行后会直接抛出异常,阻断子调用的调用,所以我们一般采用的是 ParameterMatchMockStrategy,即参数相似度匹配。将本次需要 mock 的子调用,根据 URI 进行对比:若录制的子调用中没有匹配的 URI,则抛出异常,阻断子调用的调用;若存在多个子调用与之匹配,则计算相似度,并返回相似度最高的子调用的结果。具体策略的代码逻辑请参考 DefaultMockStrategy 以及 ParameterMatchMockStrategy 类的代码实现。

回放 mock 处理的具体本实现如代码清单 14-8 所示。

代码清单 14-8　mock 方法代码实现

```
public void doMock(BeforeEvent event, Boolean entrance, InvokeType type) throws
    ProcessControlException {
    /*
     * 获取回放上下文
     */
    RepeatContext context = RepeatCache.getRepeatContext(Tracer.getTraceId());
    /*
     * mock执行条件,入口流量以及非子调用方法不触发
     */
    if (!skipMock(event, entrance, context) && context != null && context.
        getMeta().isMock()) {
        try {
            /*
             * 构建mock请求
             */
            final MockRequest request = MockRequest.builder()
                .argumentArray(this.assembleRequest(event))
                .event(event)
                .identity(this.assembleIdentity(event))
                .meta(context.getMeta())
                .recordModel(context.getRecordModel())
                .traceId(context.getTraceId())
                .type(type)
                .repeatId(context.getMeta().getRepeatId())
                .index(SequenceGenerator.generate(context.getTraceId()))
                .build();
            /*
             * 根据MockStrategy策略类型,执行mock动作
             */
            final MockResponse mr = StrategyProvider.instance().provide(context.
```

```
            getMeta().getStrategyType()).
                execute(request);
        /*
         * 处理策略推荐结果
         */
        switch (mr.action) {
            case SKIP_IMMEDIATELY:
                break;
            case THROWS_IMMEDIATELY:
                ProcessControlException.throwThrowsImmediately(mr.throwable);
                break;
            case RETURN_IMMEDIATELY:
                ProcessControlException.throwReturnImmediately(assembleMock
                    Response(event, mr.invocation));
                break;
            default:
                ProcessControlException.throwThrowsImmediately(new
                    RepeatException("invalid action"));
                break;
        }
    } catch (ProcessControlException pce) {
        throw pce;
    } catch (Throwable throwable) {
        ProcessControlException.throwThrowsImmediately(
            new RepeatException("unexpected code snippet here.", throwable));
    }
  }
}
```

14.4.3 demo 讲解

1. 配置介绍

repeater 启动时会加载"~/.sandbox-module"文件夹下的配置文件 repeater-config.json，文件中的各个配置项及其作用如表 14-2 所示。

表 14-2 repeater-config.json 配置项

配置名	作用
degrade	降级开关，取值为 true 表示已降级，降级后不会再录制流量
exceptionThreshold	异常门槛值，录制或回放异常累计数超过该值后会触发降级
httpEntrancePatterns	HTTP 流量入口配置，支持正则，并且可以配置多个 HTTP 请求。会对匹配的 HTTP 请求进行流量录制和回放处理，前提是 pluginIdentities 和 repeatIdentities 都配置了 HTTP

(续)

配置名	作用
javaEntranceBehaviors	Java 方法流量入口配置，支持正则，并且可以配置多个 Java 方法，会对匹配条件的 Java 方法进行流量录制和回放处理，前提是 pluginIdentities 配置了 java-entrance，以及 repeatIdentities 配置了 Java
javaSubInvokeBehaviors	Java 子调用配置，子调用是指在 javaEntranceBehaviors 入口流量配置方法中调用了一些其他的方法。支持正则，并且可以配置多个 Java 子调用，对于符合匹配条件的 Java 方法进行录制和回放处理，前提是 pluginIdentities 中配置了 java-subInvoke
pluginIdentities	录制所使用的插件列表，只有配置了相应的插件名称才能对其进行录制
repeatIdentities	回放所使用的插件列表，只有配置了相应的插件名称才能对其进行回放
sampleRate	采样率，单位默认是 kbit/s

2. 启动模式对比

目前，repeater 支持 attach 以及 agent 两种启动方式，这两种方式各有优缺点，一般采用 agent 启动，具体对比见表 14-3。

表 14-3　agent 与 attach 启动方式对比

模式	优点	不足
attach	1）不需要启停应用，即插即用 2）更新配置不需要重启应用	1）不可对应用名以及环境的配置进行录制，默认标记为 unknown 2）问题排查需要对 repeater debug 时，不方便处理
agent	1）支持配置应用名及环境，以方便在录制记录中进行区分 2）可远程调试 repeater	1）repeater 的启动和停止都需要重启应用 2）配置文件更新需要重启应用

3. demo 演示

（1）环境准备

jvm-sandbox 启动时会默认加载 "~/.sandbox-module" 这个目录下的所有文件，因此 repeater 解压的路径需要放置在 "~/.sandbox-module" 中，以免 jvm-sandbox 启动时没有加载 repeater 的相关文件，从而导致 repeater 启动失败。

首先，下载 jvm-sandbox，下载命令如下。

```
curl -s http://sandbox-ecological.oss-cn-hangzhou.aliyuncs.com/sandbox-1.2.1-bin.tar | tar xz -C ${HOME}
```

然后，下载 repeater，下载命令如下。

```
curl -s http://sandbox-ecological.oss-cn-hangzhou.aliyuncs.com/repeater-stable-bin.tar | tar xz -C ~/.sandbox-module
```

（2）启动运行

启动时会根据"~/.sandbox-module/repeater-config.json"中的配置项，对满足条件的请求进行录制以及回放操作，需要注意的是，repeater 启动端口需要选取一个没有被占用的端口。

1) **attach 启动**：该模式下，录制应用名以及录制环境这两个参数都会默认设置为 unknown，启动命令如下。

```
~/sandbox/bin/sandbox.sh -p ${需要被录制的应用进程号} -p ${repeater启动端口}
```

2) **agent 启动**：启动命令如下。

```
java -javaagent:${HOME}/sandbox/lib/sandbox-agent.jar=server.port=${repeater启
    动端口};server.ip=${ip} -Dapp.name=${录制应用名} -Dapp.env=${录制环境} -jar 被录
    制应用.jar（例如jar=~/.sandbox-module/repeater-bootstrap.jar）
```

agent 启动成功后，访问 http://127.0.0.1:8001/regress/slogan，会返回"xx 是世界上最好的语言"，且每次访问该链接时，返回值与上次访问的结果都不一样。该接口的代码实现如代码清单 14-9 所示。

代码清单 14-9　RegressController 类代码实现

```java
@RestController
@RequestMapping("/regress")
public class RegressController {

    @Resource
    private RegressService regressService;

    /**
     * 单线程Java示例
     *
     * @return
     */
    @RequestMapping(value = "/slogan", method = RequestMethod.GET)
    public String slogan() {
        return "<h1 align=\"center\" style=\"color:red;margin-top:300px\">" +
            regressService.slogan() + "</h1>";
```

```java
        }
    }

    @Service("regressService")
    public class RegressServiceImpl implements RegressService {

        private AtomicInteger sequence = new AtomicInteger(0);

        private String[] partners = new String[]{"韩梅梅", "李莉", "吉姆", "小红", "张三",
            "李四", "王麻子"};
        private String[] slogans = new String[]{"Java", "Python", "PHP", "C#",
                "C++", "JavaScript", "Go"};

        @Override
        public String slogan() {
            return slogans[sequence.getAndIncrement() % slogans.length] + "是世界上最好的语言";
        }
```

repeater-config.json 配置文件的内容为对所有包含 regress 的 HTTP 请求进行录制及回放操作，以及对主调用 com.alibaba.repeater.console.service.impl.RegressServiceImpl#getRegress 和子调用 com.alibaba.repeater.console.service.impl.RegressServiceImpl#slogan 的 Java 方法进行录制及回放操作，配置项具体如图 14-3 所示。

```json
{
    "degrade": false,
    "exceptionThreshold": 1000,
    "httpEntrancePatterns": [
        "^/regress/.*$"
    ],
    "javaEntranceBehaviors": [
        {
            "classPattern": "com.alibaba.repeater.console.service.impl.RegressServiceImpl",
            "includeSubClasses": false,
            "methodPatterns": [
                "getRegress"
            ]
        }
    ],
    "javaSubInvokeBehaviors": [
        {
            "classPattern": "com.alibaba.repeater.console.service.impl.RegressServiceImpl",
            "includeSubClasses": false,
            "methodPatterns": [
                "slogan"
            ]
        }
    ],
    "pluginIdentities": [
        "http",
        "java-entrance",
        "java-subInvoke",
        "mybatis",
        "ibatis",
        "dubbo-provider",
        "dubbo-consumer"
    ],
    "repeatIdentities": [
        "java",
        "http",
        "dubbo"
    ],
    "sampleRate": 10000,
    "useTtl": true
```

图 14-3 配置项

3）**录制**。访问 http://127.0.0.1:8001/regress/slogan?Repeat-TraceId=127000000001156034386424510000ed，根据上面的代码逻辑，第一次访问时后端会返回"Java 是世界上最好的语言"。

4）**回放**。继续访问 http://127.0.0.1:8001/regress/slogan?Repeat-TraceId-X=127000000001156034386424510000ed，按理会返回"Python 是世界上最好的语言"，而实际上返回的仍然是"Java 是世界上最好的语言"，且每次访问该链路时，返回内容均不变。

这是因为在第一次访问时系统会满足配置文件中的请求，通过 traceId 进行绑定，将请求的入参以及出参存储在本地文件或远端服务器中。再次访问时，系统会根据 traceId 来判断请求是否为回放流量，如果是，且配置了子调用的回放，就会从已录制到的子调用中找到最匹配的子调用，并返回其结果，如我们配置的子调用 com.alibaba.repeater.console.service.impl.RegressServiceImpl#slogan，因此回放时每次返回的结果均与录制时保持一致。

14.5 repeater 插件探究

repeater 需要解决的最核心的问题是一些入口流量和子调用的入参出参的采集，同时对采集到的流量进行拼装，重新发起调用，实现回放。目前该系统只支持几种流量的采集以及回放，如 MyBatis、HTTP、Java、Dubbo、Redis 等。这些插件均放在 repeater-plugins 下面，主要分为两大类，一类是以 java-plugin、http-plugin 为代表的复杂插件，一类是以 MyBatis 为代表的简单插件。在 Java、HTTP 的复杂插件中，除了实现简单的流量入参出参采集之外，还包含了其他一些辅助类，如回放器，实现回放流量请求的拼装等功能。

录制时，会调用具体插件中的 assembleIdentity 方法对流量做标识，调用 assembleRequest 方法处理参数，因此实现一个插件的核心在于如何实现 assembleIdentity 以及 assembleRequest 方法。repeater 系统提供了默认的实现方式，可以满足大部分要求，如 DefaultInvocationProcessor 类。但当碰到一些中间件，默认的处理方式不能很好地处理时，我们可以对其进行扩展，重写 assembleIdentity 以及 assembleRequest 方法。下面以 MyBatis 为例，如代码清单 14-10 所示，MybatisProcessor 类中对 assembleIdentity 以及 assembleRequest 进行了重写。其中，assembleIdentity 方法中对 name 以及 type 进行了设置，标记该流量是一个调用 MyBatis 的方法；assembleRequest 则是对录制流量入参进行处理，有些入参在调用时并没有什么实际作用，存在反而会引起序列化异常，对于这种参数，录制时会对其作特殊处理，不会存储该参数，以免出现序列化异常并导致录制时抛出异常的情况，该方法一般不需要重写，采用默认的实现方法即可。

代码清单 14-10　MybatisProcessor 类代码实现

```java
class MybatisProcessor extends DefaultInvocationProcessor {

    MybatisProcessor(InvokeType type) {
        super(type);
    }

    @Override
    public Identity assembleIdentity(BeforeEvent event) {
        Object mapperMethod = event.target;
        Field field = FieldUtils.getDeclaredField(mapperMethod.getClass(),
            "command", true);
        if (field == null) {
            return new Identity(InvokeType.MYBATIS.name(), "Unknown", "Unknown",
                new HashMap<String, String>(1));
        }
        try {
            Object command = field.get(mapperMethod);
            Object name = MethodUtils.invokeMethod(command, "getName");
            Object type = MethodUtils.invokeMethod(command, "getType");
            return new Identity(InvokeType.MYBATIS.name(), type.toString(),
                name.toString(), new HashMap<String, String>(1));
        } catch (Exception e) {
            return new Identity(InvokeType.MYBATIS.name(), "Unknown", "Unknown",
                new HashMap<String, String>(1));
        }
    }

    @Override
    public Object[] assembleRequest(BeforeEvent event) {
        // MapperMethod#execute(SqlSession sqlSession, Object[] args)
        // args可能存在不可序列化的异常（例如，使用tk.mybatis）
        return new Object[]{event.argumentArray[1]};
    }

    @Override
    public boolean inTimeSerializeRequest(Invocation invocation, BeforeEvent event) {
        return false;
    }
}
```

流量录制时，插件的核心处理逻辑是对流量进行标识以及入参处理，接下来需要解决的问题是，如何将定义好的插件加载在内存中。repeater 的核心模块 repeater-module 启动时，是通过 SPI 的方式加载插件，所有的插件都需要实现 InvokePlugin 才能加载到内存中，该框架已经帮我们抽象好了基础插件信息，通过继承 AbstractInvokePluginAdapter 即可直接实现插件的加载。下面以 MyBatis 为例进行说明，实现代码如代码清单 14-11 所示。核心方法 getEnhanceModels 中定义了需要录制哪个类中的哪个方法和哪些事件，isEntrance 方法表示 MyBatis 录制事件是否为入口流量，其他方法则是对插件做标识。

代码清单 14-11　MybatisPlugin 类代码实现

```java
@MetaInfServices(InvokePlugin.class)
public class MybatisPlugin extends AbstractInvokePluginAdapter {

    @Override
    protected List<EnhanceModel> getEnhanceModels() {
        EnhanceModel em = EnhanceModel.builder()
            .classPattern("org.apache.ibatis.binding.MapperMethod")
            .methodPatterns(EnhanceModel.MethodPattern.transform("execute"))
            .watchTypes(Type.BEFORE, Type.RETURN, Type.THROWS)
            .build();
        return Lists.newArrayList(em);
    }

    @Override
    protected InvocationProcessor getInvocationProcessor() {
        return new MybatisProcessor(getType());
    }

    @Override
    public InvokeType getType() {
        return InvokeType.MYBATIS;
    }

    @Override
    public String identity() {
        return "mybatis";
    }

    @Override
    public boolean isEntrance() {
        return false;
    }

}
```

综上所述我们可以知道，要想实现一个比较简单的插件，无非就是实现以上所说的两个类，难点在于 AbstractInvokePluginAdapter 类中 getEnhanceModels 方法的构建，需要找到合适的切入点，其他方法的实现均与之类似。

14.6　本章小结

流量回放目前在测试领域比较火，也比较重要，能够把我们从繁杂的回归测试中解脱出来。从所支持的插件类型来看，jvm-sandbox-repeater 是一个相对比较成熟的产品，能够实现大部分场景的录制以及回放功能，能够帮助我们开启流量回放的大门。

第 15 章

契约测试

随着业务复杂度的增加,为了承载更大的流量并提供稳定的服务,我们引入了微服务。微服务的基本思想就是根据业务单元,将原来大而全的单体架构拆分成相互独立的服务。服务与服务之间相互依赖、相互依存,从而组合成一个相对较大的业务。

也正是因为微服务之间可以相互调用、相互依存,测试的挑战也随之而来。比如,我们经常遇到的上下游服务不稳定、不可用、进度不统一的情况,就会对全链路测试的进度产生影响。(也可以简单地认为,全链路测试就是针对服务与服务之间组合成的业务链路进行测试。)

契约测试就是为解决上述问题而生的,它可以解决服务与服务之间的依赖问题,在测试时让互相依赖的服务解耦,让测试变得更加顺畅。

15.1 微服务介绍

微服务是一种架构风格,服务间采用轻量级的 HTTP 通信机制。与单体架构相比,微服务具有很多优势。

1. 单体架构的缺点

单体的架构图示如图 15-1 所示。

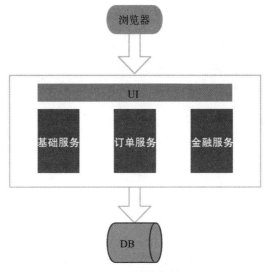

图 15-1　单体架构

- 系统复杂度高，代码量大，可读性和可维护性差。
- 耦合度高，可靠性差，一个 Bug 很可能就会影响整个应用。
- 技术栈单一，不易升级和扩容。
- 合并工作量大，部署时间长。

2. 微服务架构的优势

微服务的架构图如图 15-2 所示。

- 职责单一，分工明确，易于理解和维护。
- 低耦合，服务之间的影响较小。
- 可以采用不同的语言和存储，可独立扩容。
- 独立开发，独立部署。

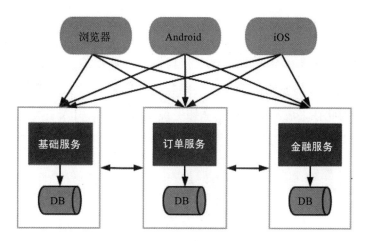

图 15-2　微服务架构

15.1.1　微服务架构对测试的影响

在单体架构下，由于所有的程序都耦合在一起，因此当开发者变更某个功能时，为保证变更不会影响到其他功能，必须对整个程序功能进行全方位的测试。而在微服务架构下，各个服务都是分离的，当变更单个功能服务时，可以仅对该功能进行测试，这样做大大缩小了测试的范围。但是微服务的特性也给测试工作带来了一些挑战，具体如下。

- 服务之间的依赖关系很复杂。
- 服务可能使用多种语言、技术、存储方式。
- 服务接口数量大，调用方多，变更会影响到上下游。
- 接口参数组合多，测试时易遗漏某些场景。
- 联调需要等待各团队全部准备就绪。
- 集成测试时，需要做好复杂的环境准备和测试数据储备。
- 服务大多数时候需要不同的团队共同协作来开发测试和维护，团队之间沟通成本高。

针对这些挑战，测试人员需要通过不一样的测试策略来保证系统的质量和产品的如期交付。

15.1.2 微服务下的测试模式

传统测试金字塔一般是由单元测试、接口测试、集成测试三部分组成。在微服务测试中，由于直接进行集成测试会出现链路长、问题定位慢、问题修复时间长、环境不稳定等问题，因此在集成测试之前，微服务测试模式中又引入了契约测试（如图 15-3 所示）。

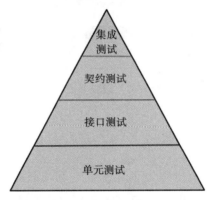

图 15-3　测试金字塔

1. 单元测试

单元测试是指对软件中的最小可测试单元进行检查和验证，主要覆盖各种输入组合、边界条件和异常，关注被测单元的输出。单元测试应与系统的其他部分相分隔，例如真实的数据库、外部依赖等，通过桩代码或 mock 对被测单元进行隔离和补齐等。

2. 接口测试

接口测试用于检测系统与系统之间的交互以及系统内部的交互。测试的重点是接口参数的传递、接口功能的实现、接口输出的结果，以及各种异常情况的容错处理。接口测试可使用测试系统真实的数据库，而对于外部服务，则通常需要使用 mock。

3. 契约测试

契约测试是指测试服务提供的功能是否能够满足消费者的需求，并通过生成的一份契约文件在持续集成环境中持续验证消费者的需求能否被满足。契约测试可使用测试系统真实的数据库,而对于外部服务,则通常需要使用 mock。

4. 集成测试

集成测试用于模拟真实的用户使用场景,验证各项功能的正确性。集成测试需要部署完整的测试环境,使用真实的数据库和外部服务。

15.2 契约测试

契约测试,又称为消费者驱动的契约(Consumer-Driven Contracts,CDC)测试,是从接口的消费者角度出发,记录下消费者使用接口的各种场景,以此作为契约,来验证接口提供者所提供的接口是否符合需求。

15.2.1 什么是契约

契约是消费者与提供者之间的一组约定,描述了二者之间所发生的交互。契约不仅定义了提供者的服务能力,也定义了消费者的调用方式。

例如,在下面的这个示例中(消费者需要提供姓名、手机号,以在外部系统中进行注册),消费者需要定义好自己的消费场景,能够提供哪些参数,以及需要获取哪些返回值等内容,具体实现如代码清单 15-1 所示。

代码清单 15-1 契约代码实现

```
Request:
{"username":xxx, "phone":13200000000}

Response:
{
"code":200,
"msg":"注册成功",
"result":{userId: 0001, userType:"A"
}
}
```

15.2.2 契约测试的价值

由于不同团队之间是独立进行开发的，因此在独立测试的过程中，我们很难检测到服务之间的交互问题。

有时候，各个团队单独进行开发测试之后，在全链路联调、测试阶段才发现系统之间无法进行交互，常常会因为传错参数、用错字段而花费大量的时间来排查低级问题。若发现此类问题的时机过晚，则不仅会增加修复的成本，而且还可能会再度影响到与其他服务之间的契约。若提早进行契约测试，则在单服务开发完成之后就能够检测到此类问题，开发测试的效率也将大大提升。

另外，如果生产者一方对接口进行了更改（比如，变更了方法名，修改了传参、返回值）但未通知到消费者，那么可能直接造成消费者与生产者通信失败。若进行契约测试，就能及时识别到契约的改变，从而维护好系统的稳定性。

总之，契约测试可以让团队在测试初期甚至更早的阶段发现系统中存在的交互问题，降低系统的修复成本，也能让服务与服务之间保持互相感知的状态。

15.2.3 契约测试的特性

契约测试可以实现测试解耦，即服务的消费者与提供者解耦，甚至还可以在没有提供者实现的情况下开始消费者的测试。契约测试具有如下特性。

- ❑ 一致性，通过测试保证契约与现实是一致的。
- ❑ 测试前移，不需要等到消费者与提供者双方全都准备就绪，也可以在开发阶段运行，或者作为 CI 的一部分，在每次发布时提供协议信息。
- ❑ 覆盖 API 的各种调用场景，模拟出更真实的集成场景。

15.2.4 契约测试的实施

契约测试所包含的因素说明如下。

- ❑ 服务消费者（Consumer）：微服务接口的调用者。
- ❑ 服务提供者（Provider）：微服务接口的提供者。

- 模拟服务提供者：用于模拟真实场景的服务提供者。
- 契约文件：一个含有消费者测试中所定义的请求和响应的 JSON 文件，即契约。
- 契约验证：将契约文件中所包含的请求对服务提供者进行重放，以检验其返回的结果是否满足契约文件中的期望。

契约测试主要可分为如下两个部分。

第一，当给到约定的输入时，验证服务提供者能否给出约定的返回结果。

第二，验证服务消费者是否按照约定调用此接口，以及约定的返回结果能否满足消费者的业务需求。

15.2.5　契约测试与 mock 对比

如图 15-4 所示，假设有一个服务提供者（Provider）的接口被两个服务消费者（Consumer）调用。

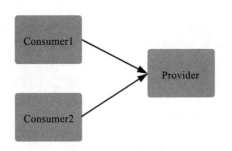

图 15-4　服务消费调用图

若使用 mock API 进行测试，那么每个系统的测试过程都是相互独立的。在对 Consumer 进行测试时，mock 需要充当 Provider 为其提供所需要的返回结果；在对 Provider 进行测试时，mock 需要充当 Consumer，分别模拟不同 Consumer 的调用场景，构造出不同的测试用例，设置不同的请求和期望返回。mock 示意图如图 15-5 所示。

mock 测试的使用范围比较广，但也存在一些问题，具体如下。

第一，Provider 的调用方越多，其测试工作量就越大，很可能会遗漏掉部分场景而不自知。

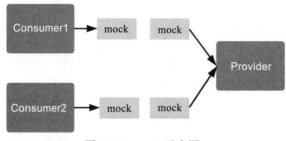

图 15-5　mock 示意图

第二，进行 mock 测试时，因为各个团队都只保证自己所测系统的正确性，因此验证系统内部逻辑时，默认外部依赖一定能提供正确的服务，但实际上，mock 测试并不能保证系统之间能够正确通信，如图 15-6 所示。

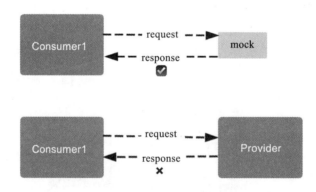

图 15-6　系统通信简略图

在引入了契约测试之后，对于多个服务消费者，仍然需要分别编写测试用例，为它们提供期望的调用请求和响应。测试执行完之后，会将该请求和响应记录作为消费者端的契约保存下来。在测试服务提供者时，就不需要再构造不同的测试用例来进行模拟调用了，而是可以根据契约内容，向其发送请求，并校验其返回的结果。

这样，对于每一个调用方，都可以生成对应的契约对服务提供者进行验证，而不会遗漏掉某个调用场景。同时，服务提供者使用的测试用例均为真实的消费者所需场景，能够保证双方测试用例的统一性，如图 15-7 所示。

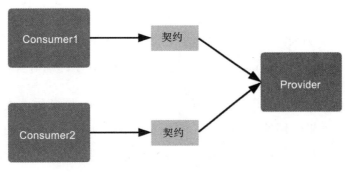

图 15-7　契约测试

15.3　Pact 框架

契约测试的常用框架有 Pact 和 Spring Cloud Contract。Pact 支持 Java、Go、Python、JavaScript 等多种语言，使用非常方便。

15.3.1　Pact 的工作原理

Pact 的工作原理图如图 15-8 所示。

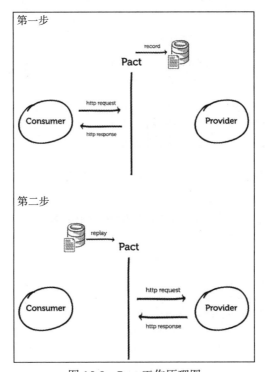

图 15-8　Pact 工作原理图

第一步：在 Consumer 端写一个对接口，用于发送请求的测试用例。运行测试时，Pact 会自动用一个 MockService 代替服务提供者，并自动生成 JSON 格式的契约文件，命名格式为 [Consumer]-[Provider].json，契约文件中包含了详细请求的相应内容。

第二步：在 Provider 端进行契约验证。启动 Provider 服务后，可以通过 Pact 插件运行一个命令（如果你用的是 Maven，就是 mvn pact:verify），它会自动按照第一步中生成的契约文件，对 Provider 进行请求，并验证响应结果是否满足契约中的约定。

在整个过程中，虽然 Provider 和 Consumer 是分别进行的测试，但其验证结果可以等同于一次集成测试。

15.3.2 Pact 的使用

简单安装 Pact 的命令为：pip install pact-python。下面就来详细讲解 Pact 的安装步骤。

首先，声明代码块对消费者、提供者进行声明，具体实现如代码清单 15-2 所示。

代码清单 15-2 Pact 声明

```
# 声明一个pact，消费者名为Consumer，提供者名为Provider，默认主机名为localhost，默认端口为1234
pact = Consumer('Consumer').has_pact_with(Provider('Provider'))

# 声明一个pact，消费者名为Consumer，提供者名为Provider，指定主机名为mockserver，端口为8080
    pact = Consumer('Consumer').has_pact_with(Provider('Provider'),
        host_name='mockserver',port=8080)
```

然后，定义请求和期望的返回，具体实现如代码清单 15-3 所示。

代码清单 15-3 body 请求结构

```
#对指定url发出get请求
expected = {'id':123, 'info': 'do something'}
    (pact
     .given('get task')
     .with_request('GET', '/get_task/', headers=headers, query={'id':123})
     .will_respond_with(200, body=expected))

#对指定url发出post请求
    body = {
        "id": id,
```

```
        "info": info
    }
(pact
 .given('add task')
 .with_request('POST', '/add_task/', body=body, headers=headers)
 .will_respond_with(200, body={'result': 'success'}))
```

接下来，请求 MockService，得到期望的返回结果并生成契约文件，具体实现如代码清单 15-4 所示。

代码清单 15-4　生成契约文件

```
{
  "consumer": {
      "name": "Consumer"
  },
  "provider": {
      "name": "Provider"
  },
  "interactions": [
    {
        "providerState": "add task",
        "request": {
            "method": "POST",
            "path": "/add_task/",
            "headers": {
            "Content-Type": "application/json"
        },
        "body": {
            "id": 123,
            "info": "do something"
        }
    },
    "response": {
        "status": 200,
        "headers": {
        },
        "body": {
            "result": "success"
        }
      }
    }]
```

最后，启动 provider 服务，契约文件在 provider 上回放，具体实现如代码清单 15-5 所示。

代码清单 15-5　回放

```
if __name__ == '__main__':
    runner = CliRunner()
    result = runner.invoke(verify.main, [
        './consumer-provider.json',
        '--provider-base-url=http://localhost:8080'
    ])
    assert result.exit_code == 0
```

期望的返回值大多数时候并不固定，Pact 提供了如下 3 个 matcher（匹配器）来处理可变数据，具体如下。

（1）Term

使用正则表达式断言，实现代码如下。

```
body = {
    "id": 123,
    "info": Term('^.{3,20}$', 'do something')
    }
```

当为 Consumer 运行测试时，MockService 将返回 do something。在 Producer 上验证合同时，只要返回项满足正则表达式，就视为验证成功。

（2）Like

使用数据类型断言，代码如下。

```
body = {
    "id": Like(123),
    "info": Like('do something')
    }
```

当在 Producer 上验证合同时，只要 id 为 int 类型，info 为 string 类型，就视为验证成功。

（3）EachLike

使用断言数组类型，代码如下。

```
body = EachLike(
{"id": Like(123),
    "info": EachLike('do something')},minimum=2)
```

上述代码中，minimum 表示数组的最小长度。当在 Producer 上验证合同时，返回值的数据结构体是与上方断言数据类型代码块的格式相同且长度至少为 2 的数组，其中 info 字段需为 string 类型数组，若满足则视为验证成功。

15.4　本章小结

微服务架构下，合理使用契约测试能够解决系统调用复杂、外部依赖不到位、接口迭代频繁、沟通成本高等诸多问题，可以帮助我们提高服务质量、提升测试效率，但在实施的过程中，可能还会遇到更多新的挑战。测试方案、测试策略并非是一成不变的，我们需要了解被测系统，理解测试实现的方式及原理，精进测试手段，只有这样才能更好地保证系统质量。

第 16 章

探索性测试

QA 领域流行这样一句话:"测试是不能穷尽的,不能百分之百地覆盖所有问题。"你会发现换个人、换个角度,都能提出不同的问题。这就为通过 PRD 和系统实现的传统测试模式、测试思路带来了探索的空间。

我们可以采用一种快速、简单的验证方法,摆脱根据 PRD、技术方案来撰写测试用例、测试自动化等按部就班的过程。

本章将重点分享如何进行探索性测试,如何使用一种新的模式来提高软件测试的效率,如何将枯燥无味的测试过程变成生动有趣的探索过程。

16.1 探索性测试初探

探索性测试(Exploratory Testing)风格自由,主要强调测试人员应边测试、边学习、边设计、边执行,并且持续优化测试工作。

随着产品不断地快速迭代,交付周期逐渐变短,相对传统的测试流程已经无法满足如今的测试需求,不管是测试人员、开发人员还是产品人员,都需要不断地更新对产品的认知,更新计划(产品需求说明书、技术方案、测试方案),从而完成产品愿景,满足用户的需求。

在日常测试执行过程中，测试的思路在用例撰写完成之后就已经被固化了。无论我们如何提升效率，思路也依然没有发生变化。不如转换一种思路，将固化的测试转变成对未知的探索，在享受工作的同时完成测试工作。

16.1.1 探索性测试概念

探索性测试由 Cem Kaner 博士于 1983 年首次提出，他将探索性测试定义为："一种强调个人自由与责任的测试方法，让独立的测试者可以借由不断的学习来改善和调整测试的规划与执行，在测试的过程中同时改善测试方案，以达到相辅相成的效果。"

作为一种思维方式，探索性测试并不拘泥于某一种方法或者工具，而是强调根据当前的场景选择最合适的测试方法，意在探索系统以及鼓励测试人员不断思考。探索性测试的特点为在进行测试时，同时探索开发更多不同形态的测试方式，以便改善测试流程。探索性测试会贯穿整个产品的测试周期。而在传统测试中，测试者一般会使用预先设计好的测试案例来进行程序测试。传统结构化测试与探索性测试的对比如表 16-1 所示。

表 16-1 传统结构化测试与探索性测试对比

传统结构化测试	探索性测试
偏瀑布开发模式	偏敏捷开发模式
用例来自产品文档	用例来自产品文档 + 测试期间的探索
测试初期决定	测试期间决定
注重预测和决策	注重思考学习和发散性
需要准备完善后才可以测试	无须太多的准备工作
一切均来自产品文档	自发的探索
可能无法发现用例漏测的问题	很快便可发现严重缺陷
每次迭代都可能造成用例断层	使用之前的测试结果指导未来测试

16.1.2 探索性测试与即兴测试的区别

探索性测试强调测试和测试计划的同时执行，执行与设计之间的快速切换会给人造成探索性测试没有计划性的错觉，因此常常有人将探索性测试与即兴测试搞混淆，下面我们就来讨论一下探索性测试和即兴测试的差别。

即兴测试强调即兴地构造测试场景。具体来说就是，对测试对象进行临时的即兴测试场景构造，比如典型风险、常见错误，从而快速发现测试对象的缺陷。如果只是临时地制造测试场景、缺乏对产品的系统性认知，那么临时测试将无法避免测试场景的遗漏。

探索性测试则强调更新测试模型、更新对测试对象的认知。相比于即兴测试，测试人员在进行探索性测试的过程中将会持续地完善测试模型，整个测试过程是学习测试对象、测试设计、测试执行、整合分析的不断循环。在测试过程中，测试人员将学习测试对象，更新测试对象的信息，探索更好的测试执行方法，并更新测试设计。在整个测试周期中，通过对测试对象的学习，我们可以得到更全面、更完整的测试对象信息，从而进行综合分析、整理，更新测试思路和设计方案。探索性测试是一种更精致、更有思想的测试过程。

探索性测试使用的观念与即兴测试基本一致，所不同的是，探索性测试会将测试的结果用于提升测试人员的水准与改善脚本测试的流程，而即兴测试未必会将测试结果用于改善脚本测试的流程。

16.2 全局探索性测试

全局探索性测试是漫游测试，会根据功能特性将被测系统划分为 6 个区域，如图 16-1 所示。下面就来看一下各个区的测试思路分别是什么。

- 商业区：商业区具备销售特性（属于软件的重要功能模块），主要使用的测试方法有指南测试法、地标测试法等，测试点集中于产品的核心特性。
- 娱乐区：娱乐区指辅助特性，特别是紧邻主要功能的辅助功能。娱乐区测试主要用于补充测试。
- 旅馆区：如果将旅馆区的特性比喻成一个人，那么旅馆区就具备懒惰性。比如，使用系统提供的默认数值的功能。旅馆区主要用于验收当软件"休息"时还需要继续保持和运行的功能特性。
- 历史区：指继承特性，包括上一个版本遗留下来的代码、问题或者曾经出现过多次 Bug 的功能或者特性。

- 旅游区：噱头特性，对应于产品的新特性，可用于更好地吸引新的用户。旅游区主要关注那些老用户不太使用，而新用户会着重使用的功能。
- 破旧区：如果将破旧区比喻成一个人，那么破旧区就具备荒谬性。比如，经常输入一些荒谬的、恶意的数据，变更文件权限，断网等各种异常的动作。

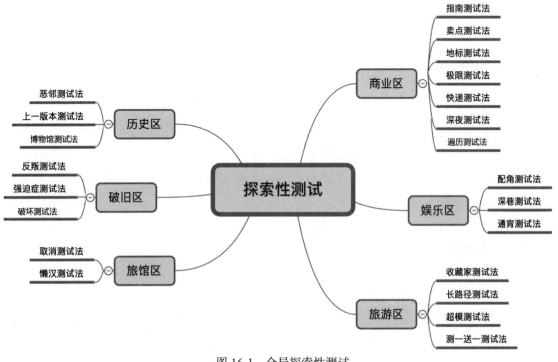

图 16-1　全局探索性测试

接下来我们将具体介绍每个区包含哪些测试方法，以及我们是如何应用这些方法的。

16.2.1　商业区测试类型

商业区的测试思想主要是将测试点集中于产品的核心特性、用户需要使用的软件功能等。下面就来详细介绍商业区中所包含的测试方法。

1. 指南测试法

根据用户手册和需求文档严格执行测试操作，并尽量忠实地执行用户手册中描述的各个场景。从用户操作的视角对系统进行操作。

专家测试法是指南测试法的变种,即根据用户反馈的问题来创建测试用例。

2. 卖点测试法

针对吸引用户的核心场景,根据产品需求文档对这些特性和功能进行测试设计。

3. 地标测试法

通过指南测试法和卖点测试法来确定哪些是关键的软件特性,即地标,选择完地标后,确定地标的先后顺序,然后从一个地标执行到另一个地标,直到访问完列表中所有的地标。有时可能涉及地标变种,即选择多个起始地标,在执行开始后增加新地标,改变各个地标的前后访问顺序等。本测试法意在帮助测试人员找出关键特性以及保证特性之间的交互质量。

4. 极限测试法

向软件提出最困难的问题,以发现软件应该具备的能力,以及与这些能力的具体逻辑实现之间的差异。极限测试法主要用于关注系统的承受应变能力。

找麻烦测试法也属于极限测试法,即通过使用软件不允许的非正常操作方法来测试系统的健壮性。

5. 快递测试法

在这个测试方法中,测试人员专注于产品的内部数据,以确认那些被存储起来的输入数据,并通过操作,"跟随"这些数据流串联软件的功能,意在关注在频繁的交互过程中(内部数据的增删改)数据的准确性,进而提高交互的测试覆盖率。

6. 深夜测试法

在锁屏或者切换到后台后,软件中执行卖点特性的代码可能已经不再运行了,但是后台下载过程还在继续,此时执行的测试被称为深夜测试法。

清晨测试法是深夜测试法的变种,即测试软件的启动过程在一段时间的"休眠"或者添加其他 App 后是否正常。

7. 遍历测试法

按照顺序确定类似的功能特性,并将其分类,然后根据顺序对其进行访问,最后使用可以发现的最短路径来访问目标包含的所有对象。通过检查相似的、有顺序的特性之间的流转是否畅通,可以提高功能特性之间的交互测试覆盖率。

下面我们通过企业订餐的员工端(如图 16-2 所示)来实践一下商业区的测试方法。

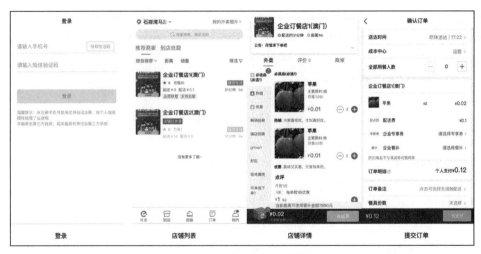

图 16-2　企业订餐员工端页面

表 16-2 所列举的是商业区各模块所用的测试用例及测试类型。

表 16-2　商业区的测试用例

模块	测试用例	测试类型
店铺列表	企业订餐包含以下地标:登录、店户列表、店铺详情页、购物车、提交订单、订单详情、订单状态。遍历:对以上场景进行排列组合,探寻不同顺序下各种场景的交互效果	地标测试法
	搜索商品功能框,输入数字超过 100 个字符	极限测试法
	罗列商户的状态,营业中、休息、关店、超出配送范围、可支付预定等,然后根据时间顺序对商家进行操作,观察商户的状态是否正确	遍历测试法
店铺详情	向购物车添加商品,购物车商品 +1	指南测试法
	点击减号,购物车商品 −1	

(续)

模块	测试用例	测试类型
店铺详情	向购物车添加商品,添加超过 50 个商品	极限测试法
	根据商品数据,观察整个流程,把场景全部运行一遍,然后观察商品数据的落库以及展示的正确性	快递测试法
提交订单页面	对餐补部分进行用例设计:使用默认餐补创建订单、使用他人分享的餐补创建订单、仅使用餐补支付订单、混合支付订单	卖点测试法
	根据操作手册执行下单步骤设计用例:进入外卖订单列表→进入店铺→挑选必选品、选择商品→提交订单	指南测试法
订单详情	根据订单状态数据,观察整个流程,通过操作订单的创建、商户接单、骑手接单、骑手配送、订单完成、接单异常、配送异常、取消订单、客服取消、支付失败等操作,观察订单状态数据的驱动流转状态	快递测试法
	创建订单后,锁屏,确保再次打开屏幕时,订单状态能够正常更新	深夜测试法
餐补列表页	餐补共享,邀请餐补共享按钮,我的餐补列表页会出现两张餐补券	卖点测试法
	对不同类型餐补券的有效性进行验证	卖点测试法

16.2.2 娱乐区测试类型

娱乐区主要关注辅助功能相关的测试场景。下面列举了娱乐区的几个测试方法。

1. 配角测试法

关注那些与主要特性一起显示或者运行的、紧邻主要功能的特性。

2. 深巷测试法

用该方法设计测试场景时,会将关注点放在最不被关注或使用效率较低的功能特性上。

混合测试法是深巷测试法的变种,即将最主流和最不主流的特性放在一起混合测试。

3. 通宵测试法

测试程序持续运行多长时间不崩溃,永不关机状态下能否正常运行,主要关注系统持续运行的能力。

下面以店铺列表为例来讲解娱乐区的几种测试方法及实践,具体如表 16-3 所示。

表 16-3 娱乐区的测试用例

模块	测试用例	测试类型
店铺列表（首页）	上下滑动时，页面无卡顿、组件无重叠	配角测试法
	商品搜索结果，关键词高亮显示	配角测试法
	企业订餐到店供给模式中，城市切换场景为使用率较低的场景，针对此功能进行场景设计，城市列表展示、搜索城市、切换城市展示相应商户列表等	深巷测试法
	将企业订餐页面打开，保持窗口两日不关闭，观察网页一直处于登录状态但不进行操作而导致的失效后的结果	通宵测试法

16.2.3 旅游区测试类型

旅游区一般会关注老用户不太使用，但新用户会着重使用的功能。

1. 收藏家测试法

主要是对非核心场景、用户使用率不高的高能模块进行验证。这就好比是旅游的时候，对于一些地方，游客往往只是走过去，不会停留太久，但是测试人员却要保证用户的"到此一游"是没有问题的。

2. 长路径测试法

主要是确定某个功能特性，并尽量通过较长的操作到达终点。长路径测试法应以埋在应用程序最深处的界面作为测试目标，主要思想是到达目的地之前应尽量多地在应用程序中穿行。

3. 测一送一测试法

用户同时在不同的地方操作同一个用户数据对象，关注的是产品并行处理事务的能力。

下面还是以企业订餐员工端为例讲解旅游区的几种测试方法及实践，具体如表16-4 所示。

表 16-4 旅游区的测试用例

模块	测试用例	测试类型
店铺列表	在钉钉端登录企业订餐后,在饿了么端登录企业订餐,观察是否有一端会被退出	测一送一测试法
	多个用户同时对同一商品下单时,观察下单结果	
提交订单页	例如,企业订餐的提交订单功能,较短路径是从订单详情页点击进入店铺→添加商品,较长路径可以选择企业订餐首页→搜索商品→进入店铺→搜索商品→添加购物车→选择必选品→提交订单→修改收货地址→修改成本中心/餐补→提交报备信息→提交发票→支付→商家接单→骑手配送→订单完成→提交评价	长路径测试法
消息通知页面	用户很可能只会关注消息是否能够正常显示和浏览,校验每种消息的信息显示是否能够全部生效并且正确展示	收藏家测试法

16.2.4 旅馆区测试类型

旅馆区测试主要关注软件"休息"时,还需要持续保持和运行的功能特性,如运行事务、进程以及前端页面的默认操作等。下面就来举例说明旅馆区的几种测试方法。

1. 懒汉测试法

尽量以较少的输入来检查产品接受默认值的能力。当用户不做决定时,"默认的逻辑"也会执行大量的操作。

2. 取消测试法

启动某一功能的操作,然后将其停止运行,检查系统的自我清除能力。

下面以店铺详情页和提交订单页为例讲解旅馆区的几种测试方法及实践,具体如表 16-5 所示。

表 16-5 旅馆区的测试用例

模块	测试用例	测试类型
店铺详情页	点击搜索输入框,然后完全不做其他操作的点击搜索	懒汉测试法
	添加购物车后,清空购物车	取消测试法
	未选择必选品,点击提交购物车按钮,校验是否能提交成功	懒汉测试法
提交订单页面	创建订单后,不进行收银台支付操作,点击返回	取消测试法

16.2.5 破旧区测试类型

破旧区测试方法着重于让测试人员对软件进行破坏,以测试软件的稳定性。下面就来通过示例讲解破旧区的几种测试方法。

1. 反叛测试法

通过输入最不可能的数据、已知的恶意数据或无意义的数据来测试产品的稳定性。

2. 破坏测试法

通过破坏正常的环境、数据、权限等破坏系统的操作,寻找系统中的潜在缺陷,意在测试系统的稳定性和安全性。

3. 强迫症测试法

反复执行同样的数据操作,检验系统对重复输入的处理能力。

下面以企业订餐员工端为例讲解破旧区的几种测试方法及实践,具体如表16-6所示。

表 16-6 破旧区的测试用例

模块	测试用例	测试类型
登录页	登录页面,输入超过限定字符的名字、验证码等	反叛测试法
店铺详情页	未选择必选品,点击提交购物车按钮,校验是否能提交成功	反叛测试法
订单详情页	订单详情页面,使用另一用户的 USER_ID 登录,校验是否存在其他用户可以看到另一用户信息的越权情况	破坏测试法
提交订单页面	重复进行提交、回退等操作	强迫症测试法

16.2.6 历史区测试类型

历史区测试主要针对软件以前的历史遗留代码、历史功能以及曾经经常出现的问题等进行测试。下面就来举例说明历史区测试的几种方法。

1. 恶邻测试法

根据缺陷集中发生的功能特性，将缺陷数目同产品特性联系起来，寻找邻近功能对其进行重点测试。该测试方法有助于提高产品整体的正确性，降低产品的质量风险。

2. 上一版本测试法

在当前版本的系统中，运行先前版本支持的所有场景和测试用例，保证先前发布的功能模块在新产品上依然可行。上一版本测试法是对历史功能必做的一个测试，通常我们在做集成测试时会进行该测试，以提高产品升级后的测试覆盖率。

3. 博物馆测试法

主要是针对遗留代码，即很久都没有修改过的代码，进行功能点风险分析，展开重点验证。在博物馆测试法中，测试人员更关注老的功能特性，以确保老代码在新的环境中不至失效。

下面以企业订餐员工端为例讲解历史区的几种测试方法及实践，具体如表16-7所示。

表 16-7 历史区的测试用例

模块	测试用例	测试类型
店铺列表	针对企业订餐的到店供餐模式的店铺供给经常出现问题的区域模块，即金刚位（banner下方的功能入口导航区域）、店铺功能筛选、服务包签约、店铺上下架等功能模块做测试，并根据这些模块设计用例	恶邻测试法
提交订单页面	因为企业订餐外卖供给模式获取餐品信息和订单金额校验部分的代码很早就已经做好了，并且无人修改，属于遗留代码，所以这里对餐品信息展示、订单金额校验进行重点验证	博物馆测试法
其他	在新版本的页面中，回归上一次已发布的迭代内容，验证先前的功能在当前版本中的运行是否正常	上一版本测试法

16.3 探索性测试周期

探索性测试最主要的特征就是不断地学习和调整测试节奏，它强调的是变化，以及建立对自身产生反馈的学习回路。其实我们身边处处存在探索性测试，例如，对于需求评审的理解，我们不断地学习、探索、审阅、提出疑问，最后对需求进行确认。对于需求文档来说，这个过程本身就是一个探索的过程。既然如此，那么从广义的角度来讲，探索性测试并不是终结性的测试，它贯穿于开发、测试的任何阶段。接下来我们就来谈一下探索性测试在测试阶段是如何使用的。

探索性测试在各个阶段的使用

探索性测试贯穿了整个测试周期。探索性测试强调测试人员一边学习软件、一边分析软件，不断地调整策略，最终保障软件的质量。接下来我们看一下在测试周期的各个阶段，探索性测试所提倡的动作。探索性测试流程如图 16-3 所示。

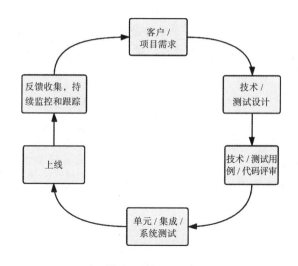

图 16-3　探索性测试流程图

在需求评审阶段，测试人员需要从如下三个方面来学习产品知识。

- ❏ 行业知识：行业现状，解决问题的常用手段、基本概念等。
- ❏ 用户角色：目标群体是谁？用户的诉求是什么？需要解决用户的什么问题？
- ❏ 产品：是否解决了用户的什么需求和问题？

测试设计阶段，探索性测试提倡让设计和测试同时执行，而不要在测试设计上花费太长的时间。测试设计阶段的主要目标是，确定测试目标和测试范围、拟定测试策略和资源安排。评审阶段、测试执行阶段、上线验收阶段和反馈追踪阶段的测试内容具体如下。

1. 评审阶段

测试人员会对设计好的测试方法和测试场景进行评审，意在持续收集意见，补充对系统的认知。探索性测试鼓励测试人员及时与产品、技术分享测试用例，在共同的把关、审核中开展头脑风暴，覆盖更全面的测试场景。可以使用思维导图、表格、列表等方式进行测试思路的共享。

2. 测试执行阶段

测试人员执行测试用例，并记录下测试的过程，记录内容包括但不限于缺陷列表、缺陷分布、测试耗时、时间分配、测试场景遗漏点、测试数据补充等，意在为分析和更新测试计划提供充足的信息。

3. 上线验收阶段

可通过探索性测试的商业区测试方法、旅游区测试方法对系统的核心功能和经常出错的部分进行重点验收。

4. 上线后的反馈追踪阶段

测试人员需要对产品的线上反馈情况进行持续跟踪，根据线上问题的复现路径分析问题发生的原因，并整理所涉及的探索性测试方法，补充测试边界，更新测试范围，调整测试重点。

16.4 探索性测试思维过程

传统的测试都是根据用例去寻找缺陷，而探索性测试则是根据系统的输出去寻找新的思路，从而对新的输入进行选择，就这样不断反复地探索下去，最终发现程序的缺陷，然后再继续上面的过程循环往复，是一个周而复始、不断持续优化测试模型、调整测试设计的过程。总的来说，探索性测试就是一个研究、实战、不断探索的过程。

那么根据输入，我们应该如何不断地调整测试策略模型呢？本节将主要介绍两种方法，即启发式测试策略模型和基于测程的测试管理。

16.4.1 启发式测试策略模型

启发式测试策略模型（Heuristic Test Strategy Model，HTSM），简单来说，就是测试人员根据质量标准、项目环境、产品元素确定测试技术和方案，从而执行测试策略来观察、分析产品，最后得到产品质量结论。启发式测试策略模型如图 16-4 所示。

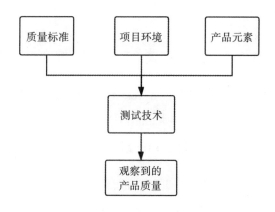

图 16-4　启发式测试策略模型

- 质量标准：是指产品的质量标准，包括产品需要达成的功能点、性能指标等，以帮助测试人员确定缺陷。
- 项目环境：是指通过当前产品的运行环境、运行环境的测试数据、测试人员等来分析项目风险。了解项目环境包含了解目标用户、确定测试所需的信息、开发者负责人、测试团队分工、测试范围、可用设备和工具等。
- 产品元素：是指产品具体的功能模块、元素，包括产品的物理元素（代码、接口等）、产品功能、涉及的数据、外部依赖、操作流程等。测试人员需要对产品的元素进行优先级的区分（如，核心功能、辅助功能、重灾区功能等），对产品元素展开测试场景的探索。
- 测试技术：是指测试人员在执行测试时使用的测试方法。测试技术包括功能测试、压力测试、域测试、场景测试、用户测试、风险测试等。

❑ 产品质量：是指在测试结束后总结出的质量评估结论。产品质量需要根据产品的如下特性进行评估，包括可用性、安全性、可靠性、稳定性、兼容性、性能等。

根据 HTSM，测试人员可以以原始模型为准，在分支上添加他们认为重要的节点，毕竟，没有一个一成不变的模式，只有因地制宜，根据当前语境选择合适的测试技术和测试流程，才是探索性测试所倡导的理念。

16.4.2 基于测程的测试管理

探索性测试提倡测试人员同时进行测试设计和测试执行，并且每次的测试计划更新都依赖于前一个测试执行的分析结果。为了帮助测试人员更好地把控测试的进度和测试流程，Jonathan Bach 和 James Bach 提出了基于测程的测试管理方法。

基于测程的测试管理（Session-Based Test Management，SBTM）是探索性测试使用的一种测试管理方法，它将测试任务（charter）分解为不同的测程（session），测试人员以测程为单位进行测试设计、测试执行和分析更新，直到产品测试结束。

每个测程都需要具有如下特点：1）要有自己特定的测试任务；2）利用时间盒（time box），保证在一个测程内测试人员能够专心测试、不受打扰；通常建议将时间盒的长度设置为 90 分钟；3）可评审的结果（reviewable result），例如测试笔记、缺陷列表等；4）任务报告（Debriefing）包含提供产品的质量信息、测程中遇到的执行障碍、产品的总体感觉等。

一个完整的基于测程的测试报告需要包含如下内容，测试人员也可以通过这些内容确认测试方向。

❑ 测程任务（session charter）：任务描述、要达成的目的、测试范围。

❑ 测试人员姓名（tester name）。

❑ 测试时间（start time）：起始时间。

❑ 任务的故障点（task breakdown）(TBS 指标)：任务阻塞情况的概况、发生原因、持续时间、是否得到解决等。

❑ 数据文件（data files）：常用测试数据、测试手册等。

❑ 测试笔记（test notes）。

❑ 问题列表（issues&Bugs）：测程过程中发生的测试障碍、Bugs 列表以及引发的思考和疑问。

16.4.3　小试牛刀

接下来，我们就来讲解基于测程的测试管理的方法和实践。

1）订制测试计划：分析测试对象，确定若干个测试愿景和使命，并分析各个愿景和使命的风险。

2）测试设计：分解测试任务，将测试使命分解为若干个任务，并且明确每一个任务的进入时间、退出条件和时间限制。

3）测试执行：根据优先级选择任务，在一个测试窗口期（一般为 60~90 分钟，以 90 分钟最为适宜）进行探索性测试，这样的时间窗口即被称为测程。

4）更新测试计划，反思并分析刚才的测试进展，对测试计划进行优化。比如，可能会添加一个测程来解决在刚才的测程中所遇到的问题，或者取消某个使命对应的测程，也有可能是对测试对象的认知进行更新。

5）适当休息，放松思维。

6）开始新一轮的探索性测试。

16.5　本章小结

探索性测试鼓励语境驱动测试，即在特定的语境下设计特定的测试模型，并鼓励与测试人员同时展开测试学习、测试设计、测试执行，以持续优化测试工作，不断积累，并最终累积为用例库。全局探索性测试将产品比喻为城市，将测试执行过程比喻为一个旅行者来到一个城市旅行并探索的过程，将测试方法分成了不同的区，以帮助测试人员分辨不同的功能场景。本章还讲解了以测程为基础的测试管理方法，将测试任务分解为一个个测程，记录测试过程并明确评审结果，从而让测试人员更好地把控测试流程。

探索性测试强调不断更新，学习—施行—评估—更新，强调同时进行测试设计和测试执行。如果在执行过程中发现了新的测试方式，应更新相应的计划，鼓励测试人员主动进行探索和思考，而非固定地只是按照脚本验收产品。

第六篇 Part 6

管　理

在管理人才方面，笔者最欣赏的就是刘备，他虽出身市井，但胸怀宽广、招贤纳士，最终创立了蜀国。对于草根出身的刘备来说，在没有乡党拥护，又被自己家族嫌弃，天时、地利、人和样样都不沾的情况下，依然能够取得这样的成绩，已是非常成功。千人千面，所需的管理方法也不尽相同。本篇主要讲解两部分的内容。一部分内容是团队的管理，主要讲述如何让团队凝聚成一股力量。另外一部分内容是 QA 项目的管理，主要讲述在项目管理中 QA 如何才能更好地进行项目的协作。

第 17 章

团队管理

团队管理的目标是，让对的人在对的环境里做对的事（集结有情有义的人做有意义的事）。哪些人才是最适合我们的，技术团队如何才能留住人心，同时还能将大家的技术水平提上来，这些都是团队管理要考虑的最关键的问题。

17.1 绘制团队画像

德勤开发了"商业化学反应"系统，将员工分为四大类，即开拓者、守护者、推动者、整合者。那么如何将不同类型的伙伴团结在一起，达成共同的目标，或者拧成一股"绳"去"打仗"？首先，就要为团队绘制画像。接下来就为大家介绍企业订餐测试团队的画像是如何绘制的。

17.1.1 定格局

绘制团队画像的第一步是为团队定格局——有担当、有影响力。为此，我们不仅要提升个人的效率，做好基础的质量保障，而且还要提高团队的效率，不论是在流程创新方面，还是技术创新方面，都要进行团队赋能。在这个过程中，我们要注意积累和沉淀，鼓励大家积极分享自己的心得体会，提供学习机会。与此同时还要让大家都能走出去，将影响力扩散出去，接受其他业务测试团队和业界的洗礼。

17.1.2 打造团队文化

绘制团队画像，还需要描绘出团队文化。我们的团队文化是"专业、高效、靠谱"，那么体现在测试方面，团队文化的具体表现形式又是什么呢？如表 17-1 所示。

表 17-1 团队文化诠释

角度	诠释
专业	专业的测试技能（测试方案撰写、测试用例设计、用例撰写、自动化测试、性能测试等专业技能）
	深入专业的领域，不可存在模棱两可的概念
	具有专业的测试思维与见解，并能很好地使用专业的术语表达出来
	敏锐的嗅觉和分析能力
高效	高质高效完成任务
	积极主动地去寻求高效率的方法，能用程序解决的事情，绝对不用人工操作
靠谱	有求必应，禁止请求信息石沉大海
	增加节点跟踪，及时地推送任务，推进问题的进度，并对结果进行汇总

关于我们的团队文化，具体说明如下。

- 能用技术解决的问题，绝不靠规范流程来保障；能用流程解决的问题，绝不靠人的自觉来保障。
- 不做无用功，不重复做工，不重新造轮子，但要具备造轮子的能力。
- 不盲目自大，也不妄自菲薄。

17.1.3 认识自我

团队画像中还少不了对团队中每个成员的介绍。我们的目标始终是面向市场，面向未来，而不是为了成为声名显赫的技术大佬，也没必要整天热血沸腾地高喊口号，更不是让团队的每个人都充满狼性。但有一点是必须要有的，即"保持市场的动态平衡，获得一份对得起自己生活要求的收益"。

笔者曾经看到这样一段让人印象深刻的话："没有深度的思考，所有的勤奋都是无效的；没有深度的认知，所有的思考都是无效的。"不论你身处哪家公司、哪个团队，最应该做的事情是：透过现象看本质，抓住自己的核心竞争力，充分认识自我，明确定位自己当前的技术水准，完全尊重市场要求。简单地说就是充分了解个人的工作能力如何进阶，3年应达到什么要求，5年应达到什么要求，7年又应达到什么样的要求。

测试能力的常见年限要求如表17-2所示。

表17-2 测试能力年限要求

维度	3年	5年	7年
测试思维	能利用科学的方法设计测试用例，将功能/性能测试用例以及常见的异常测试用例覆盖到位	设计测试用例的方法维度，不得遗漏覆盖面	能够清晰地根据业务特性，结合现有的测试技术，熟练地设计出用例，且在测试用例的设计上能有自己独到的理解，而不只是停留在应用上
前瞻性	可以没有涉猎	必须要有涉猎，可以理解不够深入	必须要有涉猎，且要有自己独到的理解，知道其解决的问题是什么，并尝试推进团队工作的落地

17.1.4 向心力

团队建设过程中在组织上、流程上、技术上采用了一些手段和方法，其目的都是与志同道合的人一起做有意义的事情，也就是让团队有"向心力"，保证团队的稳定。企业对个人的向心力与个人对企业的向心力相互吸引、相互匹配时，这个企业才是健康的。

一个人的向心力取决于他的思想格局、视野以及性格。选择加入一家企业，有人是为了沉淀更多的技术，有人则是为了求一份稳定，有人仅仅是为了一份工作而工作，有人则是为了打发时间。管理者要考虑如何让合适的人进来，不合适的人离开，为团队建立一个健康的生态环境。

17.2 技术分享的改革

在技术成长的道路上，每个人都是独立的，没有任何人可以代替自己去学习、理解，但是大家可以通过分享来融会贯通，让彼此的思想产生碰撞。即使别人分享的观点自己可能并不认可，但是在这个过程中也能开拓自己的思路。

17.2.1 无主题分享的窘境

业务团队，尤其是工作任务比较繁重的业务团队，时间和精力都是有限的，自我驱动能力比较强的队员可能会更愿意花时间和精力去做分享。通常，团队建立分享制度都是不限主题的，工作中解决的问题、学习中的心得体会均可以，但是我们在实践中也发现了如下问题。

- **课题难选**：刚开始时大家分享的积极性还很高，但是经过一两个月的分享后，发现自己已经资源枯竭了，每次分享东拼西凑，为了分享而分享，分享课题难以确定，不知道应该分享些什么。
- **分享质量低**：时间紧迫，每次都是临时抱佛脚，对自己要分享的技术课题的了解也不是很深入，分享完就扔掉，团队成员吸收率低。
- **落地难**：分享完之后自己并没有进行推行实践，团队成员吸收不好，参与感也不强。

17.2.2 分享改革方案

针对以上问题，下面提供一些解决方案。

- **课题制度**：每个人固定一个领域进行学习和探索，探索的知识点涵盖测试基础、性能测试、安全测试、探索性测试、精准测试等业界先进的测试技术。
- **学习形式**：阶段性、周期性地学习自己领域的知识，与大家分享自己的学习心得（分享的粒度由自己把控）。
- **学习周期**：每周以小组的形式展开学习，一个小组一般为 2 个人。
- **落地推行**：如果有实战落地 demo，那么先以实际项目作为试验田，成功之后再进行组内推广落地，制定落地计划。

17.2.3 主题制定

在制定主题的时候，我们需要遵循的原则是：要阶段性地回顾分享内容，制定的分享计划必须可落地、可实现、可推广、能产出，以对项目有利为基本出发点，避免为了研究技术而研究技术。目前，我们采用的方法是，将团队专项的技术点按照不同的主题提前进行分派，让大家做好准备以进行分享，主题分享的布局具体如表 17-3 所示。

表 17-3　主题分享

序号	课题	分享人	目标
1	测试基础理论 / MBT		为团队测试理论打好基础 / 提高撰写用例的效率
2	安全测试理论与实战		提高大家安全测试的质量意识
3	TDD、Java 基础及 Web 开源框架分享		为了解业务代码、代码评审、TDD 等做知识铺垫，以便更好地保障软件的质量
4	精准测试		精准分析，精准测试范围，提高回归及测试效率
5	契约测试		解决跨团队联调时，各种与接口定义不符的情况，提高联调质量
6	探索性测试		新的测试方式与思路，为测试赋能，是值得投入的手段之一
7	性能测试		为日常性能测试提供更专业的工具和知识理论支撑，我们的基本思路是：先简单再复杂，先局部再整体。比如，对于性能测试，先学会如何撰写测试脚本，再进行单个接口的测试，再变成符合实际情况的测试场景，使脚本和场景更专业，从而可以更好地提高性能测试的质量
8	UI 自动化探索及实战		目前我们团队的业务特点是接口测试占比比较多。UI 自动化可作为辅助的探索项，覆盖稳定系统的核心链路，可提高稳定项目的测试效率
9	AI 基础知识学习		机器学习市场的新宠，提供基础知识，建立知识库，积累技术，可为测试赋能

本次改革解决了大家选择课题难的问题。分享不需要大而全，只需要做到分享粒度细并且有自己的见解即可。

这种模式不仅可以降低团队各种专项（比如，用例专项、线上问题专项等）的推广成本，而且还能促使大家吸收各专项沉淀下来的知识，集体学习可以避免个人自学的盲区。

17.3　个人发展的梳理及工作习惯引导

17.3.1　个人发展的方向及梳理

在网上，大家经常会看到一些诸如程序员、测试等职业吃的是青春饭之类的敏感话题，这类话题很容易在各大社交平台引起大家的激烈讨论。这里就来针对这个话题，谈一下笔者的个人之见。人们往往会对未来的方向感到迷茫，谁也不可能一眼望穿自己的未来,所以有些人懒得去规划未来。当然出现这种问题,一方面是不知道自己未来的方向在哪里,另一方面是不知道应该如何规划,所以干脆就不规划、不去想,走一步算一步。慢慢地随着年龄的增加,个人技能与工作年限就不匹配了。那么怎样才能在职场中像陈年老酒一样越来越香、越来越有价值呢?笔者认为应做到以下两点。

1. 抓住当下

职业发展是动态的,未来的变数太多,会随着你的个人认知、环境等因素的变化而发生变化,不要因为不知道未来 5 年或者 10 年会发生什么而不考虑自己的未来,而是应该抓住我们现在能够改变的事情,用严谨的态度来看待当下。

2. 关注自身本体

为什么说要关注自身本体呢?我们不妨来分析一下研发、测试、产品,他们之间的差异是什么?工具、行业知识。一般情况下,不同行业除了所需的工具和行业知识不同之外,沟通能力、协调能力、组织能力、学习能力等技能都是通用的,而这些通用的技能往往是决定我们真正能够走出多远的核心因素。所以不论将来要做什么,也不论当前做什么行业,都要扎进去掌握事情的本质,努力将每一项工作都做好做精,同时抓住以上核心因素,那么相信你切换到任何一个领域都能做好,你需要的只是时间而已。

17.3.2 技术体系的构建

技术体系是我们能力的集合,是我们立足于社会的核心竞争力。那么作为 QA,我们的技术体系包含哪些内容呢?又该如何构建技术体系呢?我们将测试技能分为两个方向,如图 17-1 所示,倡导大家从纵横两个维度构建。

QA 技术体系构建以纵向为主,横向为辅。纵向为主是指测试能力达到专且精,横向为辅是指了解和熟悉当前研发体系的各种技术的基础知识。

1. 横向

横向是指横向支撑的能力。对于 QA 来讲,要想实现效率的提升,我们需要具备如下横向支撑的能力：熟悉 Java /Python 语言、CI 的集成平台、Jenkins、Docker、Kubernetes、分布调用框架、微服务、Kafka、RabbitMQ 等。

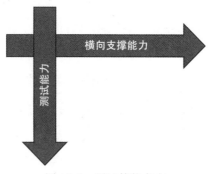

图 17-1　测试技能方向

2. 纵向

纵向是指我们自身的知识技能，主要是测试领域的专业知识，不断精深。对于测试领域来说，专业知识包括测试用例的设计方法、测试框架的搭建、性能测试，等等。比如，性能测试工具不能仅仅停留在表面上会使用，还要知道其背后的设计原理，以及它可以解决的问题。我们可以根据实际项目的情况进行纵向扩展，为团队带来更多效益，做到会用、会开发、会扩展，从而形成自己的一套解决方案，让其沉淀到自己的知识体系当中。任何测试技能都要做精做透。

"业精于勤，荒于嬉；行成于思，毁于随。"知识体系的搭建不是一朝一夕就能完成的，需要我们平时不断思考、勤奋钻研而达到专精。功夫在于平时点点滴滴的积累，不要等到年中 / 终总结时才发现自己的知识体系还保持在原来的状态上停步不前。

17.3.3　工作习惯的引导

1. 工作内容的合理分配

日常的工作内容，除了迭代之外，还应该包含个人基础设施的搭建。建议以周为单位，梳理自己每天的工作内容，应该包含如下项目：

正常的迭代工作内容 + 个人基建内容 / 团队基建内容 + 个人总结思考 / 反思内容

这些内容并不是每天都要做的，但是每周都必须要有。能够做到这些对于业务团队来说还是存在一定困难的，尤其是像我们这种刚起步的团队。如果团队迭代内容的时间能够与团队基建的时间相重合，那么成本就会相对小一些。

2. 多关注业界的思路及解决方案

平时多看业界论坛、公众号的文章，拓宽自己的视野，碰到问题时将问题及时抛出，以寻求帮助。千万不要自己钻牛角尖，不会就是不会，直接拒绝任务并不是一项明智之举。在西蒙学习法中，诺贝尔经济学奖得主西蒙教授提出了这样一个理论："对于一个有一定基础的人来说，只要肯下功夫，在6个月内就可以掌握任何一门学问。"可见要掌握一门知识并没有那么难，那么高深。即使自己当前没有碰到此类问题，有空就学习一下，未雨绸缪总是好的。

3. 养成总结与反思的习惯

推荐大家平时做项目时多总结。碰到了什么样的业务问题，是通过什么样的技术方案解决的，它的论据点（知识点）是什么，最后总结出自己的一套方法论（观点），然后再做进一步的抽象，就变成了所谓的"道"。修炼在平时，抓紧当下，总结知识点和"坑"点，才能真正掌握这个知识点，拥有这项技能。

17.4 本章小结

团队管理是一个很深的课题，也是一门艺术，它需要我们根据团队的变化和环境要求的变化而不断变化和调整。作为管理者，我们需要不断地优化和改变，既要会识人，也要会用人。最后分享笔者感触比较深的几点体会。

第一，坦诚待人，适当地暴露真实的自己，不要总是高高在上，多聆听他人的想法，能不断地拉近你与其他人的距离。

第二，辅导不是用一两句话就能出成果，而是一个不断雕刻的过程，不是提供一个机会、一个项目就只等着到最后看结果，我们需要跟进项目过程，出现问题及时跟进并复盘，多看看，多走走，多观察，从大家的眼神、言行或者所做的决定中可能就能发现问题。如果发现存在问题，应早做沟通，带着同理心去看待当事人碰到的困难。

第三，管理者要懂得成就他人。我们是团队成长的第一责任人，要善于抓重点，在不影响项目进展的前提下，要苛求过程、严求结果，确保做正确的事和正确地做事，让团队在每一个项目中都能得到成长。

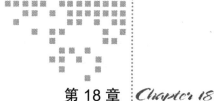

第 18 章　Chapter 18

项目管理

随着互联网行业业务和技术的复杂化、精细化以及微服务架构的盛行，企业要进行相应的组织架构层面的调整。在业务迭代过程中，跨多部门协作已成为家常便饭。这也是PMO（项目管理办公室）在互联网企业中越来越重要的原因。那么，作为保障产品质量最后一道关卡的QA环节，我们如何才能发挥出最大的价值，从而确保整个测试链高效、顺畅、稳定地运行呢？

18.1 QA 质量管理三问

如果你是一个大型项目的测试负责人，那么你需要面对如下三个问题。

第一，如何掌控项目进度，确保这个项目能够按时交付？

第二，如何合理地协调测试资源，保证这几十个业务模块顺畅协作？

第三，如何保证这个项目的整体线上质量？

以上三个问题概括了大型项目必须解决的难点和痛点：进度、协作、线上质量。

18.2 解决问题三部曲

针对上面列举的项目质量管理的三个难点,本节将根据项目的开展阶段来谱写质量管理三部曲,讲解在每一个阶段 QA 负责人应该做些什么、为什么要这么做以及要达到什么样的效果。

18.2.1 序幕

1. 仪式感

项目质量管理需要有仪式感,所以要召开项目质量启动会议,以期达到如下目的。

- 同步背景,通过启动会提升项目的紧迫感、存在感。
- 熟悉项目相关人员,认识各领域测试负责人,顺便明确自己是整个项目的测试负责人,以便于后续进行资源协调和质量推进。
- 明确关键时间节点,包括测试用例评审时间、集成测试时间点、上线的最后期限。
- 厘清各自的测试边界以及上下游依赖。

2. 三军未动,粮草先行

诸葛亮六出祁山伐魏,却都以失败告终,其中一个很重要的原因就是蜀道艰难,粮草不济,导致处处受到掣肘,不能久攻。回归到项目管理上,要打好一场战役,我们需要准备哪些"粮草"呢?

- 测试人员及排期:保证每个业务线都有充足的测试资源投入,如果资源不够,就需要测试总负责人去申请和协调。
- 测试数据准备及测试用例:测试总负责人需要整理全链路的集成测试用例。
- 环境资源:统一明确集成测试环境。
- 工具资源:便于构造数据。

18.2.2 高潮

1. 把控进展

- 定期站会,将进展、问题、需要支持的点与所有业务方进行同步。若业务方过多,则需要进一步明确分领域测试负责人。
- 同步进度,提前做好风险预警,拟定对应的跟进策略。
- 制定并落实一些测试原则,如"P0 级别 Bug 不过夜"。
- 对于不可控风险,及时升级预警等级,并同步给产品、PMO 以及技术负责人。

2. 集成测试

- 重点跟进并保证核心链路的集成测试。
- 对于团队协作,最好的方式是组织"小黑屋",即时响应,当场解决。
- 每天撰写测试报告并发送到所有关联方,若有问题则及时提出。

3. 线上质量

- 明确上线顺序、灰度及回滚策略。
- 小规模地对整个项目进行线上集成测试。
- 线上压测及演练。

18.2.3 终章

- 线上灰度跟进:及时反馈线上灰度问题,及时跟进并协调相关人员进行处理。
- 项目总结:包括总体的项目结果、做得好的地方、有待改进的地方等。
- 文档沉淀:如果没有沉淀,那么该项目就成了一次性的,不能产生持续性的价值;相反,如果后续有类似的项目可以借鉴,那么这次的项目经验就是一笔宝贵的财富,会让后续项目成员少走很多弯路。
- 沟通:与产品、PMO 以及技术负责人保持信息及进度的高频同步,确保所有人理解一致。
- 风险评估和预案:包括整体排期风险、线上质量风险、应急预案等。

- 技术改动：明确项目涉及的技术点，如中间件、数据存储等。
- 提倡并推动工具化和自动化：高效的数据工具可以减少重复性工作，自动化可最大限度地节约人力成本。
- 用人不疑，疑人不用，对于领域内部细节勿过多干预，重点保障核心链路没有问题。

18.3 本章小结

对于跨团队项目，在面对与自己的价值观、做事方式、沟通方式不一致且没有建立过信任的团队时，我们如何才能在更短的时间内将这些力量凝聚在一起，从而更好地保障软件的质量呢？我觉得跨团队管理是一门艺术。如何在最短的时间内，让这支多团队队伍形成有效的战斗力，打下攻坚战？答案可以概括为如下几点。

1）**统一认识**：想要各个层级的所有人都与你的认识保持一致是很难的，不必强求项目组的每个人都理解，但必须要保证每个团队的核心人员要与你的认识是一致的。

2）**建立沟通机制**：确认沟通原则，我表达了什么，你需要获得什么样的支持，进度、进展如何等。达成一致后，将沟通结果文档化，并以邮件的形式同步给大家，以便后期有据可查。

3）**建立流程**：链路的项目流程与团队内的测试流程（需求评审、方案评审、用例评审、用例执行等）非常相似，但链路的项目流程必须要有针对性。比如，对于测试方案，我们关注的不是细节，而是整体的连通性，关注各个业务组在合并之后是否能形成一个完整的系统并为用户带来价值。另外要注意，应做到有的放矢，要学会放权，项目总负责人无须关注每条业务线的细节实现逻辑，而是应该站在全局的视角看待每条业务线的核心链路，保证整体的质量。

4）**建立问题上升机制**：总结项目中遇到的问题，并结合问题的优先级向相应的领导寻求支持。每次与 RD、QA 的沟通都是一场博弈，如何在不伤感情的情况下把问题解决了，对于项目负责人来说是门艺术。

5）**通过技术手段解决效率问题**：建立这样一个原则：技术驱动。任何事情，能用技术解决的，优先利用技术来解决，以技术为主，流程为辅。

曾国藩曾说过："天下事当于大处着眼，小处下手。"每一个大项目都是由很多个小项目构成的，项目涉及的业务线数量不同，进度把控、协调效率、线上质量的难度也不一样，但是项目的质量管理纬度是一致的，只是难易程度的量级不一样而已。不管项目有多大，在项目进行的过程中，都需要根据项目大小，灵活解决问题。

积少成多，厚积薄发，项目管理能力都是从小的项目管理中体现出来的。因为你做某些项目时体现了这些特质，所以公司才会考虑让你来做总负责人，而不是通过大型项目来培养总负责人的项目管理能力。时刻准备着，以测试总负责人的角色去管理每个项目，这样在组织用人之际，你才能作为独当一面的大将军横刀立马，列阵于前。

推荐阅读

研发质量保障与工程效率

  这是一部从实践角度探讨企业如何保障研发质量和提升工程效率的著作,它将帮助企业打造一个强战斗力、高效率的研发团队。

  本书汇聚了阿里巴巴、腾讯、字节跳动、美团、小米、百度、京东、网易、科大讯飞等30余家中国一线互联网企业和领先科技企业在研发质量保障和工程效率方面的典型实践案例和优秀实践经验。从基础设施到技术架构、从开发到测试、从交付到运维、从工具框架到流程优化、从组织能力到文化塑造,几乎涵盖了研发质量和工程效率的方方面面。

  本书"轻理论,重实践",全部以案例形式展开,每个案例都包含案例综述、案例背景、案例实施和案例总结4个模块。读者可以跟着作者的思路,找到各种问题的解决方案。